新坐标法学教科书

新坐标

法学教科书

案例研习

民法总论习题集

杨代雄 著

北京大学出版社

编委会

新坐标法学教科书

主编

李昊　江溯

编委会成员

陈　璇　崔国斌　丁晓东

董　坤　巩　固　何志鹏

雷　磊　刘　斌　任　重

宋华琳　杨代雄　尤陈俊

张凌寒　张　翔　朱晓喆

序 言

民法理论博大精深,因此,民法学习难度较高。在民法课程体系中,《民法总论》因内容抽象,尤其难以掌握。该课程通常面向大学新生。这些新生刚刚从高中阶段的刷题运动中走出,尚未摆脱"灌输+刷题"的学习模式,突然进入无题可刷的状态,面对一堆抽象晦涩的民法概念,往往不知所措,甚至陷入恐慌。为此,有必要给广大法科新生提供教辅资料,助其从高中学习模式过渡到大学学习模式。延续高中刷题节奏是不可取的,但立即戒掉刷题习惯也是不现实的。折中做法是,让学生在听课、读书的过程中,接受适当的做题训练。习题的数量无须太多,更不需要反复练习,以免再次回到刷题模式。本书的编写即服务于此项教学目的。

本书以作者出版的《民法总论》教科书(北京大学出版社)中的知识体系为基础,为各章知识匹配了单元练习,总共14个单元练习。此外,还编写了2套期末考试模拟卷,供广大学生考前训练。在题型设计方面,本书充分考虑我国高等法学教育的发展现状,采用在各法学院校中常见的考试题型,如选择题、辨析题、简答题、论述题、案例分析题。鉴于我国《民法典》已经施行,民法学全面进入解释论时代,本书设置了法条解释(评注)题,借此训练学生的法律解释能力,培养民法教义学思维。在常规练习题之外,为了帮助学生掌握请求权基础思维,本书在末尾设置了一道附加作业,即请求权基础思维训练,并且附上一篇作者指导过的鉴定式案例报告范文,供读者参考。

杨代雄
2024年初夏于上海苏州河畔格致楼

目 录

单元练习一:民法概念论 …………………………………… 1
单元练习二:民法体系论 …………………………………… 9
单元练习三:民法方法论 …………………………………… 17
单元练习四:自然人 ………………………………………… 23
单元练习五:法 人 ………………………………………… 33
单元练习六:非法人组织 …………………………………… 41
单元练习七:物与其他权利客体 …………………………… 51
单元练习八:权利变动概述 ………………………………… 59
单元练习九:法律行为与意思表示的一般原理 …………… 67
单元练习十:法律行为的成立与生效 ……………………… 83
单元练习十一:法律行为的效力障碍 ……………………… 89
单元练习十二:法律行为的归属 …………………………… 103
单元练习十三:权利救济 …………………………………… 117
单元练习十四:权利的时间维度 …………………………… 123

期末模拟卷(一) …………………………………………… 135
期末模拟卷(二) …………………………………………… 145

附加作业:请求权基础思维训练(鉴定式案例报告) …… 153

参考答案

单元练习一:民法概念论 …………………………………… 157

单元练习二:民法体系论 160
单元练习三:民法方法论 165
单元练习四:自然人 168
单元练习五:法　人 172
单元练习六:非法人组织 176
单元练习七:物与其他权利客体 180
单元练习八:权利变动概述 183
单元练习九:法律行为与意思表示的一般原理 187
单元练习十:法律行为的成立与生效 195
单元练习十一:法律行为的效力障碍 199
单元练习十二:法律行为的归属 205
单元练习十三:权利救济 211
单元练习十四:权利的时间维度 215

期末模拟卷(一) 221
期末模拟卷(二) 225

附加作业:请求权基础思维训练(鉴定式案例报告) 229

单元练习一：民法概念论

一、单项选择题

1. 某县第一中学向甲公司采购一批食品，该中学的部分学生食用之后出现中毒症状，被送医院治疗。该中学及学生要求甲公司赔偿损失，该县市场监督管理局对甲公司开出罚单，罚款10万元。下列哪个选项不是民事法律关系（   ）
   A. 某县第一中学与甲公司的食品买卖合同关系
   B. 学生与医院的医疗合同关系
   C. 某县市场监督管理局与甲公司的处罚关系
   D. 学生与甲公司的损害赔偿关系

2. 下列哪个选项是私法（   ）
   A.《宪法》   B.《公司法》
   C.《刑事诉讼法》   D.《环境保护法》

3. 甲有一辆自行车，某夜，乙趁黑将该自行车的座椅摘走并安装在自己的自行车上。数日后，丙偷走乙的自行车。下列选项错误的是（   ）
   A. 甲对自己的自行车享有支配权
   B. 甲对丙享有自行车返还请求权
   C. 乙对丙享有自行车返还请求权
   D. 乙对被丙偷走的自行车享有支配权

4. 乙公司从甲银行贷款5亿元，后将其中2亿元转贷给丙公司，从中赚取利息差。借款期限届满后，乙公司要求丙公司返还2亿元借款本金并支付3千万元利息。此前，乙公司已将1亿元款项返

还给甲银行。下列选项错误的是（　　）

   A. 甲银行要求乙公司返还贷款的权利属于请求权

   B. 关于1亿元款项，若甲银行再次要求乙公司返还，乙公司可以主张权利消灭抗辩

   C. 若乙公司诉请丙公司支付3千万元利息，即便丙公司未主张合同无效，法院亦可依职权认定合同无效

   D. 丙公司若主张其与乙公司的借款合同无效，则其行使的是形成权

5. 甲对乙享有10万元债权，某日，甲对乙表示免除该笔债务，乙未置可否。六个月后，甲要求乙偿还该笔债务。下列选项正确的是（　　）

   A. 甲对乙仍然享有10万元债权

   B. 甲要求乙偿还债务时，乙享有权利消灭抗辩

   C. 甲要求乙偿还债务时，乙享有权利阻止抗辩

   D. 甲要求乙偿还债务时，乙享有"须主张的抗辩"

6. 下列选项属于"须主张的抗辩"（抗辩权）的是（　　）

   A. 合同因违背公序良俗而无效

   B. 债务已因清偿而消灭

   C. 法律行为因当事人欠缺行为能力而无效

   D. 诉讼时效抗辩

7. 甲乘坐乙驾驶的网约车，途中乙违规驾驶酿成事故，导致甲受伤，花掉5万元治疗费。下列选项错误的是（　　）

   A. 甲对乙享有合同请求权

   B. 甲对乙享有侵权请求权

   C. 甲依合同请求权获得5万元赔偿后，还可以向乙主张侵权请求权

   D. 本案发生请求权竞合

8. 下列选项不属于形成权的是（　　）

   A. 破产撤销权

B. 买回权

C. 共有物分割请求权

D. 甲依据预约，要求乙订立本约的权利

9. 下列选项属于形成诉权的是（   ）

A. 选择之债的选择权　　　　B. 情势变更情形中的解除权

C. 卖回权　　　　　　　　　D. 追认权

10. 甲与乙订立合同，约定乙将一辆二手车卖给甲，1个月后交车并付款。下列选项正确的是（   ）

A. 甲对该二手车享有支配权

B. 甲对该二手车享有期待权

C. 甲就该二手车对乙享有请求权

D. 乙对甲的付款请求权属于救济权

二、多项选择题

1. 甲公司向乙公司购买10个机器人充当办公楼清洁工，价款总额100万元。下列哪些选项是法律关系的要素（   ）

A. 甲公司对乙公司的机器人交付请求权

B. 乙公司对甲公司的价款请求权

C. 10个机器人

D. 在机器人频出故障的情况下，乙公司对甲公司的违约责任

2. 下列哪些选项属于特别私法（   ）

A. 民法典　　　　　　　　　B. 保险法

C. 消费者权益保护法　　　　D. 税法

3. 小慧同学逛商场时购买了5张彩票，每张价格10元。刮开后，有3张中奖，奖金共30元。小慧又表示以30元奖金再买3张彩票，售票员未收钱，直接将3张彩票交给小慧，小慧刮开后发现未中奖，遂离开柜台。下列哪些选项是正确的（   ）

A. 售票员将5张彩票交给小慧后，小慧对彩票享有支配权

B. 小慧发现中奖后，对30元奖金享有支配权

C. 小慧表示以 30 元奖金再买 3 张彩票，她行使了一项形成权

D. 小慧离开柜台时，若售票员要求其支付 30 元彩票价款，小慧可以行使权利消灭抗辩

4. 下列哪些选项构成请求权竞合（   ）

   A. 甲从乙处购买一套房屋，甲对乙享有房屋交付请求权与移转登记请求权

   B. 甲从乙处购买两个包子，吃完后发生食物中毒，关于医疗费，甲对乙享有违约损害赔偿请求权与侵权损害赔偿请求权

   C. 在上例中，甲一方面请求乙赔偿两个包子的 5 元价值，另一方面请求乙赔偿医疗费

   D. 甲从乙处租了一个机器人，某日，因机器人不听话，甲将机器人砸坏，乙对甲享有违约损害赔偿请求权与侵权损害赔偿请求权

5. 下列关于相对权的选项正确的是（   ）

   A. 甲依合同为乙登记设立的一项居住权是相对权

   B. 买卖合同的价款请求权是相对权

   C. 相对权原则上不对第三人发生效力

   D. 相对权不能成为侵权行为的客体

6. 下列关于抗辩权的选项正确的是（   ）

   A. 诉讼时效抗辩属于抗辩权

   B. 债务被清偿后，债务人享有抗辩权

   C. 抗辩权必须由当事人积极主张，法官不得依职权主动适用

   D. 权利阻碍抗辩是抗辩权

7. 下列选项属于身份权的是（   ）

   A. 配偶权   B. 监护权

   C. 荣誉权   D. 继承权

8. 下列关于形成权的选项正确的是（   ）

   A. 优先承租权是形成权

   B. 撤销权都是形成诉权

   C. 合同解除权都是单纯形成权

D. 债务免除情形中债务人的拒绝权是形成权

9. 下列关于期待权的选项正确的是（   ）

    A. 不动产买受人在支付完价款后对不动产享有期待权

    B. 甲乙约定，若今年甲出国工作，则甲将汽车以 15 万元价格卖给乙，乙据此取得期待权

    C. 期待权可以被处分

    D. 附解除条件法律行为不可能产生期待权

10. 下列关于义务与责任的说法正确的是（   ）

    A. 损害赔偿责任是一种义务

    B. 抵押责任是一种义务

    C. 违反不真正义务者，无须承担损害赔偿责任

    D. 侵权损害赔偿责任是一种法定义务

三、辨析题

1. 权利都以实现权利主体的利益为目的。

2. 所有权人对标的物享有的占有权是一种权利。

3. 民法上的抗辩必须由当事人积极主张才能发生效力。

4. 形成权行使的效果是使法律关系发生。

5. 从权利随同主权利移转、消灭而移转、消灭。

四、简答题

1. 简述民法上抗辩的种类。

2. 简述公法与私法划分的意义。

3. 简述请求权的概念与种类。

4. 如何理解权利的概念?

5. 简述民事法律关系的要素及其概念。

五、论述题

试述民法上义务与责任的关系。

六、案例分析题

小光同学拥有一本杨教授签名版的《法律行为论》。某日,小明同学向小光同学借阅该书,约定了两周的借阅期。交书一周后,小明同学将该书出卖给小亮同学,价格合理,一手交钱一手交书。小亮同学不知道该书的来历,且此前与小明、小光并不相熟。

请回答如下问题:

1. 依据小光与小明的约定,借阅交书后,小光对小明享有何种权利?

2. 小明将书转让给小亮后,小光对该书享有何种权利?为什么?

3. 小明将书转让给小亮后,小光对小明有何种权利?为什么?

4. 小亮知道该书原是小光所有之后,惴惴不安,不想要该书,其可以向小明行使何种权利以达到退书目的?为什么?

单元练习二：民法体系论

一、单项选择题

1. 下列哪个选项不是潘德克顿式民法体系的特征（　　）

    A. 存在总则编

    B. 亲属（家庭）法独立成编

    C. 物权法、债权法与继承法相互独立

    D. 以"人法"与"物法"的区分为逻辑基础

2. 下列关于我国《民法典》体系的说法错误的是（　　）

    A. 分为七编

    B. 存在统一的债权法编

    C. 侵权责任法与人格权法独立成编是其特色

    D. 是潘德克顿式民法体系的变种

3. 小强到校门口的饭店吃饭，临走时跟老板说，餐费由同学小刚负担，记在小刚账下，老板表示同意。数日后，老板遇到小刚，要求其支付餐费，小刚莫名其妙，拒绝付款。下列选项错误的是（　　）

    A. 按照私法自治原则，小刚对饭店不负担餐费债务

    B. 饭店老板要求小刚支付餐费，违反了合同相对性原则

    C. 如果小刚确实欠了小强一笔钱，则饭店对小刚享有餐费债权

    D. 如果老板向小刚讨要餐费时，小刚同意但请求缓几天再支付，则依私法自治原则，此后小刚不得反悔

4. 下列关于平等原则的说法错误的是（　　）

    A. 我国《民法典》规定了平等原则

B. 在民事活动中，国家机关的地位与自然人平等

C. 《劳动合同法》在权利配置时向劳动者倾斜，这违背了平等原则

D. 死亡赔偿案件中的"同命同价"规则体现了平等原则

5. 小芳同学最近频繁光顾某宝，观看直播带货并果断下单，收到快递后打开查看，稍不满意则立即退货。下列选项正确的是（　　）

A. 小芳的做法违背诚信原则

B. 小芳频繁退货，是在行使自己的权利

C. 小芳的做法违背公序良俗

D. 小芳的做法违背信赖保护原则

6. 甲公司与乙公司都从事牛奶制品的生产与销售业务。某日，双方订立合同，约定甲公司的产品不进入 J 省销售，乙公司的产品不进入 H 省销售。数月后，甲公司发现乙公司的产品在 H 省销售，遂诉请乙公司承担违约责任。下列选项正确的是（　　）

A. 乙公司的做法构成违约

B. 乙公司的做法违背信赖保护原则

C. 法官在审理过程中可以依职权认定该合同无效

D. 乙公司的做法违背公平原则

7. 小宇在甲公司工作 2 年，因与老板关系不睦，遂跳槽到乙公司。此后，因办理某项手续需要原工作单位出具工作经历证明，但小宇要求甲公司出具证明时却遭到拒绝。下列选项正确的是（　　）

A. 小宇既已离开甲公司，劳动合同终止，甲公司就没有义务为其出具工作经历证明

B. 乙公司有权请求甲公司出具证明

C. 甲公司的做法违反合同给付义务

D. 甲公司的做法违背诚信原则

8. 幽谷公司新创，地处郊区，须使用自来水。其向当地自来水公司申请安装管道并供水，但自来水公司负责人向其索要好处，未果后拒绝为其供水。下列选项正确的是（　　）

A. 供水需要订立合同,依据私法自治原则,自来水公司有权决定不与幽谷公司订立合同

B. 幽谷公司可以诉请强制自来水公司订立合同

C. 自来水公司的行为构成违约

D. 自来水公司的行为构成侵权

9. 下列关于信赖保护原则的说法错误的是（　　）

A. 缔约过失责任体现了消极信赖保护

B. 消极信赖保护的目标是使信赖方的利益恢复原状

C. 违约责任旨在实现信赖保护

D. 表见代理体现了积极信赖保护

10. 下列关于权利滥用的说法错误的是（　　）

A. 我国《民法典》规定了权利不得滥用

B. 权利不得滥用是诚信原则的体现

C. 权利滥用可能构成侵权

D. 小京拥有一栋别墅,常年不住,构成权利滥用

二、多项选择题

1. 甲公司租用乙商厦的一间店面用于开办饭店,约定每月租金 10 万元,租期 8 年。第二年暴发疫情,甲公司的饭店累计有 6 个月无法营业。下列选项正确的是（　　）

A. 甲公司必须如数支付当年的 120 万元租金,因为"契约必须严守"

B. 甲公司有权要求减免当年的部分租金

C. 当年的疫情构成店面租赁合同的情势变更

D. 乙商厦因当年甲公司少交部分租金,宣布解除租赁合同,其做法违背诚信原则

2. 下列哪些选项体现了诚信原则（　　）

A. 附随义务　　　　　　B. 后合同义务

C. 减损义务　　　　　　D. 善意取得

3. 下列关于公序良俗原则的说法正确的是（　　）

   A. 我国《民法典》规定了公序良俗原则

   B. 公序良俗包括公共秩序和善良风俗

   C. 公序良俗原则仅适用于法律行为领域

   D. 公序良俗原则可以弥补强行法规定之不足

4. 下列哪些选项体现了积极信赖保护（　　）

   A. 先合同义务

   B. 表见代表

   C. 通谋虚伪表示无效不得对抗善意的保理人

   D. 善意取得

5. 小浩停车到路边水果店购买水果，数量较多，付款之后请求老板帮忙将水果拎到后备箱。老板当时忙着刷抖音视频，拒绝帮忙。小浩只好自己分两趟拎过去，其间发现第一趟拎过去的水果被路人甲顺走若干。下列哪些选项是错误的（　　）

   A. 老板没有义务帮小浩拎水果　　B. 老板的做法违背诚信原则

   C. 老板违反了先合同义务　　　　D. 老板违反了给付义务

6. 某手机店在门上贴出醒目告示"货已售出、概不退换"。小雪在该店购买了一部手机，用了五天后发现手机电池的待机时间迅速缩短，遂回该店要求退货。店长依据店堂告示拒绝退货。下列哪些选项是正确的（　　）

   A. 依据私法自治原则，该店堂告示应为有效

   B. 该店堂告示违反《消费者权益保护法》

   C. 该店堂告示属于格式条款

   D. 小雪可以行使"七天无理由退货"的权利

7. 下列关于私法自治原则的说法正确的是（　　）

   A. 婚姻自由体现了私法自治

   B. 无权代理法律行为效力待定，这体现了私法自治

   C. 承租人优先购买权体现了私法自治

   D. 强制缔约制度是对私法自治的限制

8. 魏某与某信托公司订立信托合同,将 3000 万元钱托付给信托公司管理,并指定其女儿小果为受益人。下列哪些选项是正确的(   )

   A. 依据私法自治原则,该信托合同未经小果同意,所以无效
   B. 该合同属于利他合同
   C. 该合同突破了合同相对性原则
   D. 由于信托公司与小果未订立合同,所以其对小果不负担债务

9. 下列关于情势变更的说法正确的是(   )

   A. 情势变更制度体现了诚信原则
   B. 情势变更制度体现了公平原则
   C. 情势变更制度突破了"契约必须严守"原则
   D. 一旦发生情势变更,为了恢复利益均衡,合同即应解除

10. 某市司法局与某电子公司订立合同,约定司法局向电子公司购买一批电子产品用于办公,总价 50 万元,2024 年 5 月 8 日交货并付款,未约定双方债务履行顺序,也未约定交货地点。下列哪些选项是错误的(   )

    A. 由于司法局是国家机关,更加权威,所以应由其在订约后指定交货地点
    B. 司法局是国家机关,为维护国家财产的安全,应由电子公司先履行交货义务
    C. 如果司法局在未付款的情况下要求电子公司交货,则电子公司享有抗辩权
    D. 如果电子公司交付的产品质量有问题,为保护国家利益,应加重电子公司的赔偿责任

三、辨析题

1. 在合同关系中,对消费者予以特殊保护,使其享有更多权利,违反了平等原则。

2. 《民法典》第 810 条规定公共运输承运人负担强制缔约义务，这属于一般强制缔约义务。

3. "买卖不破租赁"规则体现了私法自治原则。

4. 诚信原则要求合同当事人"仗义疏财、舍己为人"。

5. 为了维护私法自治，即便欺诈表意人的是第三人，表意人仍有权撤销法律行为。

四、简答题

1. 简述信赖保护的类型及其在我国民法中的体现。

2. 简述强制缔约的类型及其在我国法律中的体现。

3. 简述私法自治原则在法律行为效力障碍（瑕疵）制度中的体现。

4. 我国民法的基本原则包括哪些?

5. 简述平等原则的主要内容。

五、论述题

1. 论私法自治的限度（现代民法对私法自治的限制）。

2. 试述诚信原则在民法制度中的体现。

六、案例分析题

2024年1月5日，甲公司与乙公司订立买卖合同，约定乙公司向甲公司购买10000个某种品牌的微型摄像头，总价100万元，预付20万元价款，剩余价款等2024年5月15日交货后10天内支付完毕。合同还约定，甲公司应将货物直接交付给丙公司，丙公司对甲公司享有请求交货的权利。丙公司知道此事，但未置可否。此后，由于原料货源中断，甲公司直至2024年5月15日只能准备出6000个微型摄像头，遂于当日将这批货物运送给丙公司，但丙公司以货物数量不足为由拒绝受领。

请回答如下问题：

1. 丙公司对甲公司是否享有合同债权？为什么？

2. 丙公司对甲公司是否负担价款债务？为什么？

3. 丙公司是否有权拒绝受领6000个摄像头？为什么？

4. 乙公司或者丙公司是否有权以甲公司未能如期交货为由拒绝支付价款？为什么？

单元练习三：民法方法论

一、单项选择题

1. 下列哪个选项不是民事特别法（   ）
   A. 《票据法》   B. 《著作权法》
   C. 《信托法》   D. 《银行业监督管理法》

2. 下列关于部门规章的选项错误的是（   ）
   A. 部门规章是制定法
   B. 部门规章可以作为民事案件的裁判依据
   C. 部门规章的地位低于行政法规
   D. 部门规章是民法的"准规范法源"

3. 下列哪个选项不是民法的法源（   ）
   A. 《保险法》
   B. 民事习惯法
   C. 未被纳入指导性案例的最高人民法院判决
   D. 关于民事法律问题的司法解释

4. 下列关于习惯法的选项错误的是（   ）
   A. 我国《民法典》明确承认习惯法的法源地位
   B. 习惯法不得违背公序良俗
   C. 习惯法可能因法院的长期判例而形成
   D. 习惯法的地位等同于制定法

5. 下列哪个选项不是民法解释的方法（   ）
   A. 文义解释   B. 体系解释
   C. 类推   D. 客观目的论解释

6. 《唐律》第六卷第六条"断罪无正条"规定:"诸断罪而无正条,其应出罪者,则举重以明轻;其应入罪者,则举轻以明重。"该条规定的是哪一种法律解释方法?(   )

   A. 反面解释　　　　　　　　B. 体系解释

   C. 客观目的论解释　　　　　D. 当然解释

7. 下列关于民法解释方法之位阶的说法错误的是(   )

   A. 民法解释始于文义解释

   B. 历史解释处于最高位阶

   C. 客观目的论解释对依其他解释方法得出的结论具有检验作用

   D. 反面解释须慎用

8. 下列关于法律漏洞的选项错误的是(   )

   A. 法律漏洞包括自始漏洞与嗣后漏洞

   B. 法律漏洞包括显性漏洞与隐性漏洞

   C. 对于隐性漏洞,可以通过目的论扩张予以填补

   D. 目的论扩张与类推是两种不同的漏洞填补方法

9. 《民法典》第763条规定:"应收账款债权人与债务人虚构应收账款作为转让标的,与保理人订立保理合同的,应收账款债务人不得以应收账款不存在为由对抗保理人,但是保理人明知虚构的除外。"某法官将该条适用于保理交易以外的其他债权转让案件,用于保护通谋虚伪表示的善意第三人。该法官运用了哪一种法律方法?(   )

   A. 类推　　　　　　　　　　B. 目的论扩张

   C. 体系解释　　　　　　　　D. 客观目的论解释

10. 在请求权基础思维中,下列选项属于请求权规范的是(   )

    A. 《民法典》第557条关于债务消灭的规定

    B. 《民法典》第483条关于合同成立时间的规定

    C. 某无名合同关于一方当事人给付义务的规定

    D. 《民法典》第143条关于法律行为生效要件的规定

二、多项选择题

1. 在请求权基础思维中,"类合同请求权"包括（　　）

   A. 缔约过失请求权

   B. 无因管理请求权

   C. 婚姻家庭法上的抚养费请求权

   D. 不当得利返还请求权

2. 在请求权基础思维中,"物权法上的请求权"包括（　　）

   A. 排除妨害请求权

   B. 占有保护请求权

   C. 容忍使用请求权

   D. 所有人——占有人关系中的费用偿还请求权

3. 在请求权基础思维中，下列选项属于反对规范（抗辩规范）的是（　　）

   A.《民法典》第 557 条关于债务消灭的规定

   B.《民法典》第 188 条关于诉讼时效期间及其起算点的规定

   C.《民法典》第 601 条关于出卖人交付时间的规定

   D.《民法典》第 146 条关于通谋虚伪表示无效的规定

4. 甲、乙订立买卖合同，约定甲将一套房子以 300 万元价格出售于乙。事实表明，甲订立合同时因处于精神病状态而丧失民事行为能力。依请求权基础方法分析本案，下列选项正确的是（　　）

   A. 乙对甲的合同请求权基础是《民法典》第 598 条关于出卖人给付义务的规定

   B. 乙对甲的合同请求权基础是《民法典》第 509 条关于全面履行合同义务的规定

   C. 甲对乙的抗辩规范是《民法典》第 144 条之法律行为无效规则

   D.《民法典》第 21 条第 1 款关于无行为能力认定标准的规定是辅助规范

5. 下列选项属于民法解释方法的是（   ）

    A. 体系解释   B. 目的论扩张

    C. 目的论限缩   D. 反面解释

6. 下列选项属于民法续造方法的是（   ）

    A. 个别类推   B. 依民法原则填补漏洞

    C. 目的论限缩   D. 历史解释

7. 安柏向亚瑟购买一个小型飞行器，价款 100 万元，已经支付。亚瑟交付飞行器后，安柏发现飞行器存在重大安全隐患，质量不合格。下列哪些选项属于次给付请求权（   ）

    A. 安柏请求亚瑟按期交付飞行器的权利

    B. 安柏要求解除买卖合同的权利

    C. 安柏解除买卖合同后请求返还 100 万元价款的权利

    D. 安柏请求亚瑟支付损害赔偿金的权利

8. 下列关于类推的说法正确的是（   ）

    A. 类推包括个别类推与整体类推

    B. 类推是法的续造方法

    C. 类推可以用于填补隐性（隐藏）法律漏洞

    D. 类推符合平等原则

9. 某小区内道路狭窄且路边停满车辆，仅剩下单车道。某日早上 7 点 30 分，业主小陈驾车外出上班，途中遇到业主老王驾车送小孩上学后返家，在小区内"狭路相逢"。小陈主张，按照惯例，返回小区的车辆须避让离开小区的车辆，但老王并不认同。下列说法正确的是（   ）

    A. 如果小区多数业主都曾遵循"返回车辆避让离开车辆"的做法，则该做法构成习惯法

    B. 对于上述做法，业主们并未形成普遍的法律信念，欠缺法律上的约束意思

    C. 依据诚信原则，当时老王的车理应避让小陈的车

    D. 老王对小陈享有排除妨害请求权

三、辨析题

1. 在一定范围内长期重复的做法就是习惯法。

2. 民事领域的指导性案例在我国是民法的规范法源。

3. 客观目的论解释不能独立适用，只能用于检验依其他解释方法得出的结论之正当性。

4. 请求权基础既包括法律规则，也包括合同条款。

5. 在请求权基础思维（方法）中，"物权法上的请求权"指的就是物权请求权。

四、简答题

1. 简述民法漏洞的填补方法。

2. 简述请求权基础思维的外在结构（多个请求权的检索顺序）。

3. 简述我国民法的法源。

五、论述题

试述民法解释的方法。

六、法条解释（评注）题

《民法典》第 405 条规定："抵押权设立前，抵押财产已经出租并转移占有的，原租赁关系不受该抵押权的影响。"
请运用文义解释与反面解释的方法对该条规定予以解释。

单元练习四：自然人

一、单项选择题

1. 下列关于自然人与公民的说法错误的是（   ）
   A. 自然人是私法概念，公民是公法概念
   B. 我国公民须具有我国国籍
   C. 外国人在我国可以成为我国民法上的自然人
   D. 外国人在外国不能成为我国民法上的自然人

2. 甲、乙是夫妻，乙怀了胎儿丙，丁向甲、乙表示赠与胎儿一枚玉佩，并将玉佩交付给了乙。下列选项正确的是（   ）
   A. 丙尚未出生，所以不能接受赠与
   B. 丁欲赠与丙玉佩，但却向甲、乙作出意思表示，所以赠与合同不成立
   C. 丙取得了玉佩所有权，但该效果不确定
   D. 赠与合同在丙出生时发生效力

3. 在上例中，丙最终没有活着出生。下列选项错误的是（   ）
   A. 因不存在有权利能力的受赠人，所以赠与合同不成立
   B. 丙自始不享有权利能力
   C. 丙取得玉佩所有权，但在确定未能活着出生时又丧失了玉佩所有权
   D. 乙成为玉佩的无权占有人

4. 甲于河里游玩时意外落水，因水流湍急，且事发河段临近入海口，故搜救无果，下落不明。下列选项错误的是（   ）
   A. 须等待四年之后，才可宣告甲死亡

B. 二年之后，若仍无甲的音讯，则可宣告甲死亡

C. 若公安机关证明甲不可能生存，则可立即宣告甲死亡

D. 甲欠乙债务，已届履行期，乙可申请宣告甲死亡

5. 在上例中，甲曾经投了一年期的人寿保险，受益人为乙，其落水时，保险期间尚余1个月，法院作出死亡宣告判决时，保险期间已超过3个月。下列选项正确的是（　　）

A. 甲落水次日，乙即可行使保险金支付请求权

B. 死亡宣告判决后，乙可行使保险金支付请求权

C. 由于死亡宣告判决作出时，保险期间已过，所以不发生保险金支付请求权

D. 死亡宣告作出后，即便甲重新出现，保险公司仍须向乙支付保险金

6. 下列关于民事行为能力的说法错误的是（　　）

A. 民事行为能力可以分为广义民事行为能力与狭义民事行为能力

B. 法律行为能力是狭义民事行为能力

C. 实施违法行为的能力亦称过错能力或者责任能力

D. 我国《民法典》完全贯彻了过错能力理论

7. 下列选项错误的是（　　）

A. 结婚能力与遗嘱能力是特殊行为能力

B. 在我国民法上，结婚能力的年龄标准是男子22周岁，女子20周岁

C. 限制民事行为能力人所立的遗嘱效力待定

D. 在我国，遗嘱能力等同于完全民事行为能力

8. 下列选项正确的是（　　）

A. 18周岁以上的人都是完全民事行为能力人

B. 18周岁以下的人都是不完全民事行为能力人

C. 无民事行为能力人不得实施纯获利益民事法律行为

D. 精神病人是无民事行为能力人

9. 甲是乙的母亲，乙15周岁，因继承父亲的遗产而拥有一套房屋。

甲曾代理乙将该房屋无偿出借给亲属丙，约定期限 1 年。出借 3 个月后，因丙擅自将房屋出租，乙向丙作出解除借用合同的意思表示。下列选项正确的是（　　）

A. 因乙欠缺行为能力，故其作出的解除行为不发生效力

B. 乙作出的解除行为发生效力

C. 乙作出的解除行为经甲追认后发生效力

D. 解除行为须由甲代理才可实施

10. 在上例中，丙没有擅自将房屋出租，但乙对于甲未征求自己意见即将房屋出借一事耿耿于怀。下列选项错误的是（　　）

A. 甲违反了监护人职责

B. 甲须对乙承担损害赔偿责任

C. 甲在出借房屋之前本应征求乙的意见

D. 借用合同是无效合同

11. 在题 9 的例子中，1 年后，甲改嫁于丁，且随丁赴外地长期生活，乙仍然留在本地生活。下列选项错误的是（　　）

A. 甲无法继续履行监护职责

B. 甲、乙的监护关系自甲随丁赴外地生活时终止

C. 甲仍须对乙履行抚养义务

D. 其他具有监护资格的人有权申请撤销甲的监护人资格

12. 在题 9 的例子中，1 年后，甲死亡，乙的祖母与外祖母争夺监护权。下列选项错误的是（　　）

A. 如果甲通过遗嘱指定乙的外祖母担任监护人，则由乙的外祖母担任监护人

B. 祖母或者外祖母可以向乙住所地的居委会申请指定监护人

C. 祖母或者外祖母对居委会的指定不服的，应当再向当地民政部门申请指定监护人

D. 祖母或者外祖母可以直接向法院申请指定监护人

13. 在上例中，乙的祖母与外祖母争夺监护权 3 个月后，居委会指定乙的祖母担任监护人，乙的外祖母不服，向法院起诉。下列选

项错误的是（　　）

　　A. 在居委会指定之前，乙的祖母已经成为其监护人

　　B. 在居委会指定之前，乙的外祖母已经成为其监护人

　　C. 在居委会指定之后，乙的祖母是其监护人

　　D. 在法院作出判决之前，乙的外祖母是其监护人

14. 下列关于宣告失踪的说法错误的是（　　）

　　A. 不完全行为能力人下落不明满二年的，可被宣告失踪

　　B. 申请宣告失踪的利害关系人没有顺位之分

　　C. 失踪人财产代管人的职责不限于实施法律行为

　　D. 在涉及失踪人的诉讼中，应以财产代管人为原告或者被告

15. 甲在某市 A 区有一套房屋，该房屋的地址为其户口本及身份证记载的住址。此后，甲与乙结婚，乙在该市 B 区有一套房屋，甲立即将自己的户口迁入该房屋，但身份证记载的住址未作变更。甲将自己原有的那套房屋出租给丙，租期 2 年，已经交付房屋，丙入住于此。这段时间，甲一直居住于乙的房屋内。下列选项错误的是（　　）

　　A. 结婚前，A 区房屋所在地是甲的住所

　　B. 结婚后，A 区房屋所在地是甲的住所

　　C. 结婚后，B 区房屋所在地是甲的住所

　　D. 交付租赁房后，A 区房屋所在地是丙的经常居所

二、多项选择题

1. 下列关于胎儿民事权利能力的说法正确的是（　　）

　　A. 胎儿仅享有部分权利能力

　　B. 胎儿仅享有附条件权利能力

　　C. 胎儿的权利能力包含承担民事义务的资格

　　D. 胎儿可以通过法定代理人实施法律行为

2. 下列关于死者保护的说法正确的是（　　）

　　A. 死者没有民事权利能力，所以不受民法保护

B. 死者肖像受侵害的，其近亲属享有侵权请求权

C. 死者名誉受侵害的，其近亲属享有侵权请求权

D. 死者人格要素受侵害，将导致其近亲属的人格利益或者情感利益受到侵害

3. 年纪29岁的钓鱼爱好者小海觉得总是在江河钓鱼不过瘾，遂出海钓鱼，不幸遭遇海啸，下落不明。下列选项正确的是（   ）

    A. 二年后，利害关系人可申请宣告小海死亡

    B. 若海事局或者公安局证明小海不可能生存，则利害关系人可立即申请宣告小海死亡

    C. 二年后，债权人可申请宣告小海失踪

    D. 二年后，小海的配偶申请宣告小海死亡，父母申请宣告其失踪，法院应宣告其失踪

4. 在上例中，小海被法院宣告死亡，但小海实际上并未死亡，而是漂流到太平洋上的某无名小岛。事发前，小海投了人寿保险，以其妻子小鱼为受益人。下列选项正确的是（   ）

    A. 宣告死亡后，小海与小鱼的婚姻关系自动终止

    B. 宣告死亡后，小鱼有权请求保险公司支付保险金

    C. 宣告死亡后，小海的继承人可以取得其遗产

    D. 宣告死亡后，小鱼改嫁的，不构成重婚

5. 在题3与题4的例子中，小海被岛上一女子救活，日久生情，最后二人结婚。其间，小海与岛上居民达成若干口头合同。下列选项正确的是（   ）

    A. 小海在岛上结婚时，若小鱼尚未改嫁，则小海构成重婚

    B. 小海在岛上结婚时，若小鱼已经改嫁，则小海不构成重婚

    C. 小海与岛上居民达成的合同因其欠缺权利能力而不成立

    D. 小海与岛上居民达成的合同有效

6. 在题3与题4的例子中，小海在岛上生活1年后，搭乘路过的一艘远洋渔轮回到家乡，发现财产被分割和继承，小鱼尚未改嫁。下列选项正确的是（   ）

A. 小海可以申请撤销死亡宣告

B. 若死亡宣告被撤销，则小海与小鱼的婚姻关系自动恢复，无须考虑小鱼的意愿

C. 若死亡宣告被撤销，则保险公司有权请求小鱼返还已领取的保险金

D. 若死亡宣告被撤销，则小海有权请求继承人返还所得遗产

7. 下列哪些选项是限制民事行为能力人（　　）

A. 9周岁且无精神障碍的人

B. 不能完全辨认自己行为的成年人

C. 因肢体残疾而丧失行动能力的成年人

D. 16周岁以上且以自己劳动收入为主要生活来源的未成年人

8. 小龙与小虎皆为10岁，小龙的父母给其3500元钱，允许其以之购买平板电脑。某日，小龙授权同学小虎代理其购买平板电脑。下列选项正确的是（　　）

A. 小龙的父母既然已经同意其购买平板电脑，则小龙所为的代理权授予行为有效

B. 此项代理权授予行为超出小龙心智能力且未得到其父母同意，故效力待定

C. 此项代理权授予行为超出小虎心智能力且未得到其父母同意，故效力待定

D. 若此项代理权授予行为得到小龙父母追认，则在小龙与小虎之间发生效力

9. 在上例中，假设小龙所为的代理权授予行为发生效力，次日，小虎代理小龙从某商店购买了一台平板电脑。下列选项正确的是（　　）

A. 平板电脑买卖合同超出小虎心智能力且未得到其父母同意，故无效

B. 平板电脑买卖合同超出小虎心智能力且未得到其父母同意，故效力待定

C. 平板电脑买卖合同有效
   D. 平板电脑买卖合同归属于小龙
10. 甲未成年，其父乙在遗嘱中指定甲的哥哥丁为监护人。随后，乙死亡，其母丙在世。下列选项正确的是（   ）
   A. 乙死亡后，丁当然成为甲的监护人
   B. 乙死亡后，若丙具有监护能力，则应以丙为甲的监护人
   C. 乙的遗嘱对丙不发生效力
   D. 如果是乙、丙共同立了此项遗嘱，则在乙、丙死亡后，丁依遗嘱确定成为甲的监护人

三、辨析题

1. 自然人就是公民。

2. 胎儿尚未出生，所以没有民事权利能力。

3. 死亡宣告被撤销后，被宣告死亡人的身份关系自动恢复。

4. 无民事行为能力人可以实施纯获利益的法律行为。

5. 父母离婚后，未与子女共同生活的一方没有监护权。

四、简答题

1. 简述申请宣告死亡的要件。

2. 简述我国民法上的意定监护之概念与类型。

3. 简述限制民事行为能力人可以实施的法律行为。

4. 简述有资格担任未成年人之监护人的当事人范围。

5. 简述监护人资格撤销的申请事由。

五、论述题

试述我国民法上自然人民事行为能力的类型及其与法律行为效力的关系。

六、案例分析题

成年人甲有精神障碍，被认定为限制民事行为能力人，由其妻乙担任监护人。此后，乙常有虐待甲之行为，饮食起居方面亦多有照顾不周之处。甲母丙对此颇为不满。某日，乙出差，未告知丙帮忙看护甲，返家后，发现甲下落不明，多方找寻，未果。四年后，乙向法院申请宣告甲死亡，法院公告期满后，作出死亡宣告判决。丙一直不同意乙此项做法，耿耿于怀，以致郁郁而终。随后，乙与丁结婚，并将其与甲所生的女儿送给他人收养。三年后，甲返回家乡，从其姐处得知近年之事。此时，丁已因故死亡。

请回答如下问题：

1. 丙对乙担任监护人不满，在民法上可以采取何种措施？为什么？

2. 在丙不同意乙申请宣告甲死亡的情况下，法院可否宣告甲死亡？为什么？

3. 甲返回家乡后，针对自己的死亡宣告，可以采取何种措施？为什么？

4. 甲返回家乡后，其与乙的婚姻关系是否自行恢复？为什么？

5. 甲返回家乡后，与其女儿的亲子关系能否自行恢复？为什么？

单元练习五：法　人

一、单项选择题

1. 下列哪个选项是法人的根本特征（　　）
   A. 是有权利能力的团体　　B. 有自己的财产
   C. 能够独立承担责任　　　D. 有自己的名称

2. 下列哪个选项属于私法人（　　）
   A. 国家机关法人　　B. 妇联
   C. 中国法学会　　　D. 股份有限公司

3. 下列哪个选项属于财团法人（　　）
   A. 慈善基金会　　　B. 某市财政局
   C. 中国法学会　　　D. 有限责任公司

4. 下列哪个选项不是我国《民法典》规定的特别法人（　　）
   A. 国家机关法人　　B. 具有法人资格的寺庙
   C. 居委会　　　　　D. 村委会

5. 下列关于法人目的范围的选项正确的是（　　）
   A. 法人目的范围限制其权利能力
   B. 法人目的范围限制其行为能力
   C. 法人目的范围限制其责任能力
   D. 法人目的范围可能限制其代表人的代表权

6. 下列哪种权利不能被法人享有（　　）
   A. 名誉权　　B. 肖像权
   C. 监护权　　D. 名称权

7. 下列哪种法人的设立采用许可主义（　　）
    A. 律师协会　　　　　　　　B. 保险公司
    C. 普通的有限责任公司　　　D. 人民法院

8. 下列关于设立捐助法人的捐助行为之说法错误的是（　　）
    A. 捐助行为是处分行为　　　B. 捐助行为是负担行为
    C. 捐助行为是创立行为　　　D. 捐助行为是单方法律行为

9. 甲、乙筹备设立 A 公司，二人先组建了 A 公司筹备处。某日，甲以 A 公司筹备处名义与丙订立房屋租赁合同，租期 1 年，房屋用作筹备处办公室。6 个月后，A 公司成立。下列选项正确的是（　　）
    A. 剩余 6 个月租金应由甲支付
    B. 剩余 6 个月租金应由甲、乙共同支付
    C. 剩余 6 个月租金应由 A 公司支付
    D. 剩余 6 个月租金应由 A 公司筹备处支付

10. 在上例中，A 公司最终未能成立。下列选项错误的是（　　）
    A. 丙有权请求甲支付剩余 6 个月租金
    B. 丙有权请求乙支付剩余 6 个月租金
    C. 丙只能请求甲、乙共同支付剩余 6 个月租金
    D. 甲支付剩余 6 个月租金后，有权向乙追偿

11. 在题 9 的例子中，A 有限责任公司成立后，由甲担任执行董事，聘任丙担任财务总监。5 年后，该公司因故解散。下列选项错误的是（　　）
    A. 甲是清算义务人
    B. 丙是清算义务人
    C. 乙是清算义务人
    D. 清算后若有剩余财产，应向甲、乙分配

12. A 有限责任公司成立后，由其股东 B 公司派甲担任董事长与法定代表人，股东另有乙与丙。某日，因 B 公司向 C 银行借款，甲以 A 公司名义与 C 银行订立连带责任保证合同，为该借款债务提供担保。甲当时伪造了 A 公司股东会同意担保的决议，C 银行

在审查决议等材料时有所疏忽。因A公司未加追认，保证合同被法院认定无效。下列选项错误的是（　　）

A. 甲应向C银行承担赔偿责任

B. 甲的行为超出了代表权范围，所以A公司无须对C银行承担赔偿责任

C. 鉴于C银行自己有过错，所以其应分担部分损失

D. 在本案中，甲是A公司的代表机关，其过错导致A公司存在法人过错

二、多项选择题

1. 下列哪些选项属于社团法人（　　）

   A. 有限责任公司

   B. 股份有限公司

   C. 教育部

   D. 某省法学会

2. 下列哪些选项属于我国民法上的捐助法人（　　）

   A. 慈善基金会

   B. 非营利性的民办福利院

   C. 取得法人资格的寺庙

   D. 取得法人资格的教堂

3. 下列哪些法人的设立采用准则主义（　　）

   A. 公募基金管理公司

   B. 一家具备法人资格的超市

   C. 普通的股份有限公司

   D. 商业银行

4. 甲、乙筹备设立A公司，二人先组建了A公司筹备处。某日，甲以A公司筹备处名义与B公司订立合同，从B公司处购买3台电脑，价款尚未支付，电脑交付甲后，被甲搬回家中给家人使用。6个月后，A公司成立。下列选项正确的是（　　）

A. B公司无权请求A公司支付价款

B. B公司有权请求A公司支付价款

C. 如果B公司是善意的，则B公司有权请求A公司支付价款

D. 如果B公司缔约时知道甲是为自己购买电脑，则B公司有权请求甲支付价款

5. 在上例中，甲以自己名义与B公司订立合同，从B公司处购买3台电脑，价款尚未支付，电脑交付后放在筹备处办公室由工作人员使用。6个月后，A公司成立。依《民法典》规定，下列选项正确的是（   ）

A. B公司无权请求A公司支付价款

B. B公司有权请求A公司支付价款

C. B公司无权请求乙支付价款

D. 如果缔约时B公司知道乙的存在，则其有权请求乙支付价款

6. 在题4的例子中，甲发现A公司将来计划生产的产品的原材料价格有上涨趋势，遂以A公司筹备处名义与B公司订立合同，从B公司处购买一批原材料，准备用于公司成立后的生产活动，价款尚未支付。2个月后，A公司成立。下列选项错误的是（   ）

A. B公司无权请求A公司支付价款

B. B公司有权请求A公司支付价款

C. 如果买卖合同经过乙的追认，则B公司有权请求A公司支付价款

D. 如果后来原材料价格确实上涨，则B公司有权请求A公司支付价款

7. 甲、乙、丙共同出资设立A有限责任公司，由甲担任董事长和法定代表人，乙、丙担任董事，专家丁担任独立董事。下列选项正确的是（   ）

A. 甲是A公司权力机关成员

B. 甲是A公司执行机关成员

C. 甲是A公司代表机关成员

D. A 公司董事会是代表机关

8. 在上例中，A 公司的章程规定，法定代表人对外签订标的额超过 200 万元合同时，须经公司董事会决议。某日，甲未经董事会决议即与 B 公司订立货物买卖合同，价款为 300 万元。下列选项正确的是（　　）

   A. 该买卖合同无效
   B. 甲的行为构成越权代表
   C. 如果董事会作出决议，对甲的行为予以追认，则买卖合同对 A 公司发生效力
   D. 如果 B 公司是善意的，则买卖合同对 A 公司发生效力

9. 在上例中，假设货物买卖合同对 A 公司发生效力，价款 300 万元尚未支付。1 个月后，A 公司分立为 A 公司与 C 公司，双方约定此前的债务与 C 公司无关，皆由 A 公司自行了结，此外，原有的办公设备亦皆归 A 公司所有。下列选项正确的是（　　）

   A. 公司分立后，B 公司有权请求 A 公司清偿价款债务
   B. 公司分立后，B 公司有权请求 C 公司清偿价款债务
   C. 公司分立后，B 公司只能请求 A 公司与 C 公司各清偿一半价款债务
   D. 公司分立后，原有的办公设备归 A 公司单独所有

10. 在题 7 的例子中，甲、乙是大股东，二人又共同设立 B 公司，与 A 公司的经营范围接近，两家公司的主要员工基本相同。日常经营中，甲以 A 公司名义订立合同，货物和钱款却大都流入 B 公司，债务则记在 A 公司账下，其中一笔是欠 C 公司 500 万元货款。下列选项正确的是（　　）

    A. 因 A 公司具有独立法律人格，故 C 公司只能请求 A 公司清偿债务
    B. 如果 A 公司无力清偿债务，则 C 公司有权借助代位权请求 B 公司清偿债务
    C. 如果 A 公司无力清偿债务，则 C 公司有权请求甲清偿债务

D. 如果 A 公司无力清偿债务，则 C 公司有权请求丙清偿债务

三、辨析题

1. 因为法人是法律上虚构的民事主体，所以其没有民事行为能力。

2. 按照私法自治原则，社团法人可以依据章程任意处罚社员。

3. 法人机关越权实施行为，损害他人权益，因该行为不属于法人行为，故法人无须承担责任。

4. 在清算期间，法人不得实施民事法律行为。

5. 社团法人就是社会团体法人。

四、简答题

1. 简述社团法人中的社员权。

2. 简述社团法人的机关。

3. 简述法人的设立原则。

4. 简述法人的设立方式（行为）。

5. 简述社团法人与财团法人的区别。

五、论述题

试述法人目的（事业）范围对法人民事能力及法定代表人之代表权的影响。

六、案例分析题

甲、乙、丙共同出资设立 A 公司，由甲担任董事长与法定代表人。此后，A 公司与丁共同出资设立 B 公司，A 公司持股 99%，丁持股 1%，由 A 公司派其董事乙担任 B 公司的执行董事与法定代表人，丁未参与日常经营管理。在经营期间，两家公司的账户经常混用，B 公司的应收款项大多被转入 A 公司的账户。此外，除董事有重叠之外，其他中高层管理人员也大多相同。某日，甲向 C 信用社借款，除了订立借款合同，甲还以 A 公司名义与 C 信用社订立连带责任保证合同,约定 A 公司为甲的借款债务提供担保,甲当时伪造了 A 公司同意担保的股东会决议,但忘了伪造丙的签名,C 信用社当时未加必要审查。B 公司拖欠 D 公司 300 万元货款,D 公司向法院申请强制执行,但发现 B 公司没有可供执行的财产。乙在代表 B 公司实施法律行为的过程中,欺诈了 E 公司,导致 E 公司遭受 50 万元损失。

请回答如下问题:

1. E 公司是否有权请求 B 公司承担损害赔偿责任?为什么?

2. D 公司是否有权请求 A 公司清偿 300 万元债务?为什么?

3. D 公司是否有权请求丁清偿 300 万元债务?为什么?

4. 如果 E 公司在其诉讼中未向法院主张法人人格否认,法院可否主动判令 A 公司向 E 公司支付 50 万元赔偿金?为什么?

5. C 信用社是否有权请求 A 公司承担保证责任?为什么?

单元练习六：非法人组织

一、单项选择题

1. 下列哪个选项不是我国民法上的非法人组织（   ）
   A. 个人独资企业　　　　　B. 国有独资公司
   C. 合伙企业　　　　　　　D. 律师事务所
2. 下列哪个选项不是法人与非法人组织的区别（   ）
   A. 前者具有权利能力，后者没有权利能力
   B. 前者的法律人格完全独立，后者的法律人格只有相对独立性
   C. 前者为其债务独立承担责任，后者不能完全独立承担责任
   D. 前者的组织结构通常比后者更为复杂
3. 下列哪个选项不能成为合伙人（   ）
   A. 有限责任公司　　　　　B. 国有独资公司
   C. 合伙企业　　　　　　　D. 机关法人
4. 甲、乙设立合伙企业 A 商店，已经登记，该商店购买了一台生产设备。下列选项正确的是（   ）
   A. 该设备归甲、乙按份共有
   B. 该设备归甲、乙共同共有
   C. 该设备归 A 商店所有
   D. 甲、乙对该设备享有合伙份额
5. 在上例中，如果乙是有限合伙人。下列选项错误的是（   ）
   A. 乙不享有合伙事务执行权
   B. 乙不享有对 A 商店的代表权
   C. 乙仅以认缴的出资额为限对 A 商店的债务承担责任

D. 乙对 A 商店的经营事务没有表决权

6. 在题 4 的例子中，甲、乙对 A 商店的出资比例是 3∶2，下列选项错误的是（　　）

   A. 若无特别约定，则甲、乙的合伙份额比例是 3∶2

   B. 若无特别约定，则甲、乙的表决权比例是 3∶2

   C. 商店改变经营范围的，须经甲、乙一致同意

   D. 商店聘任丙担任店长的，须经甲、乙一致同意

7. 在题 4 与题 5 的例子中，如果 A 商店是从乙处购买设备。下列选项正确的是（　　）

   A. 因为合伙企业与合伙人进行交易，所以设备买卖合同不发生效力

   B. 设备买卖合同因构成自己代理而不发生效力

   C. 设备买卖合同在价格合理的情况下才发生效力

   D. 设备买卖合同并不因为出卖人是乙而不发生效力

8. 在题 4 与题 5 的例子中，乙死亡，其继承人为丙。下列选项正确的是（　　）

   A. 自乙死亡时起，丙自动成为 A 商店的有限合伙人

   B. 因乙死亡，所以乙当然退伙

   C. 须对 A 商店的财产进行结算，退还丙相应部分的财产价值

   D. 仅在丙为完全民事行为能力人的情况下，其才因继承成为有限合伙人

9. 在题 4 与题 5 的例子中，甲死亡，其继承人为丁，时年 15 周岁。下列选项正确的是（　　）

   A. 自甲死亡时起，丁自动成为 A 商店的普通合伙人

   B. 若乙同意，则丁自甲死亡时成为 A 商店的普通合伙人

   C. 若乙同意，则丁自甲死亡时成为 A 商店的有限合伙人

   D. 应当解散 A 商店并进行清算

10. 在题 4 与题 5 的例子中，乙自己在同一区域也开了 B 商店，且经营范围与 A 商店部分重叠。下列选项正确的是（　　）

A. 乙违反合伙人的忠实义务，须对甲承担违约责任

B. 乙开设 B 商店前，须经甲同意

C. 乙的行为不违反合伙人义务

D. 甲有权要求乙更改 B 商店的经营范围

11. 在题 4 与题 5 的例子中，甲、乙缴纳全部出资，A 商店经营数年后，资不抵债，财产价值仅剩余 80 万元，戊对其享有 150 万元债权。下列选项错误的是（　　）

A. 在以 A 商店的 80 万元财产受偿债权后，戊有权请求甲清偿 70 万元债务

B. 戊有权向法院申请对 A 商店予以破产清算

C. 如果 A 商店欠缴税款，则税款债权优先于戊的债权

D. 甲向戊清偿债务后，有权向乙追偿

12. 在题 4 与题 5 的例子中，经营数年后，己决定入伙，欲成为普通合伙人。下列选项正确的是（　　）

A. 只要经过甲的同意，己即可入伙

B. 己与甲、乙订立书面入伙合同后，成为合伙人

C. 入伙后，己无须对 A 商店此前的债务承担责任

D. 入伙后，己仅须对 A 商店此前的债务承担有限责任

二、多项选择题

1. 下列哪些选项是合伙人的义务（　　）

A. 出资义务

B. 忠实义务

C. 勤谨义务

D. 为合伙债务设立担保物权的义务

2. 甲、乙、丙设立合伙企业 A 投资基金，已经登记，丙为有限合伙人。下列选项正确的是（　　）

A. 丙的个人财产并非 A 投资基金债务的责任财产

B. 丙对 A 投资基金没有事务执行权

C. 丙对A投资基金没有代表权

D. 丙对A投资基金事务的执行没有监督权

3. 在上例中，合伙协议约定由甲一人担任合伙事务执行人与代表人。下列选项正确的是（   ）

   A. 乙、丙不享有合伙事务执行权

   B. 乙、丙不享有合伙企业代表权

   C. 乙、丙对合伙企业事务不享有表决权

   D. 如果甲怠于请求乙履行出资义务，则丙有权以自己名义诉请乙履行该义务

4. 在题2与题3的例子中，2年后，丁决定作为合伙人加入A投资基金。下列选项正确的是（   ）

   A. 只要丁与甲达成入伙合意，丁即成为合伙人

   B. 只要经过甲、乙同意，丁即成为合伙人

   C. 丁入伙，须经甲、乙、丙一致同意

   D. 丁入伙后，须对A投资基金此前的债务承担责任

5. 在题2与题3的例子中，A投资基金打算从乙处借钱，且有利息。下列选项错误的是（   ）

   A. 只要甲代表A投资基金与乙订立借款合同，该合同即可对A投资基金生效

   B. 借款合同经甲、乙一致同意，可对A投资基金生效

   C. 借款合同须经甲、乙、丙一致同意，才可对A投资基金生效

   D. 如果利率合理，则借款合同无须经甲、乙、丙一致同意

6. 在题2的例子中，丙决定转变为普通合伙人。下列选项错误的是（   ）

   A. 只要甲同意，丙即可转变为普通合伙人

   B. 经甲、乙、丙达成合意的，丙可以转变为普通合伙人

   C. 转变为普通合伙人之后，丙对A投资基金此前的债务承担有限责任

   D. 转变为普通合伙人之后，丙对A投资基金此前的债务承担无

限连带责任

7. 在题 2 的例子中，乙决定将其合伙份额转让给戊。下列选项错误的是（　　）

   A. 乙、戊的合伙份额转让行为经过甲同意即可

   B. 乙、戊的合伙份额转让行为须经甲、丙同意

   C. 戊取得合伙份额后，对 A 投资基金此前的债务无须承担责任

   D. 戊仅在取得乙的全部合伙份额的情况下，才对 A 投资基金此前的债务承担责任

8. 在题 2 的例子中，丙发现甲在执行合伙事务过程中经常收取客户回扣，订立对 A 投资基金不利的合同。下列选项正确的是（　　）

   A. 丙有权单独决定将甲除名

   B. 乙、丙可以据此共同决定撤销对甲执行事务及行使代表权的委托与授权

   C. 丙有权据此退伙

   D. 甲的行为构成代表权滥用

9. 在题 2 的例子中，3 年后，乙死亡，其唯一的继承人己具有完全民事行为能力。下列选项正确的是（　　）

   A. 己通过继承当然成为 A 投资基金的合伙人

   B. 若甲、丙一致同意，则己成为 A 投资基金的合伙人

   C. 若甲、丙、己都表示同意，则己成为 A 投资基金的合伙人

   D. 若甲不同意己成为合伙人，则乙当然退伙

10. 在题 2 的例子中，3 年后，乙因故丧失民事行为能力。下列选项正确的是（　　）

    A. 乙自动退伙

    B. 若甲同意，则乙转变为有限合伙人

    C. 若甲、丙一致同意，则乙转变为有限合伙人

    D. 若甲不同意乙转变为有限合伙人，则乙当然退伙

三、辨析题

1. 入伙人对入伙前的合伙企业债务无须承担责任。

2. 合伙人死亡的，其当然退伙。

3. 若无相反约定，则合伙份额转让给合伙人以外的其他人时，其他合伙人享有优先购买权。

4. 合伙企业的动产与不动产由各合伙人共同共有。

5. 无民事行为能力人或者限制民事行为能力人不能成为合伙人。

四、简答题

1. 以合伙企业为例，简述非法人组织成员的义务。

2. 简述入伙的要件与法律效果。

3. 简述退伙的三种情形。

4. 简述合伙人退伙权的三种情形。

5. 简述强制退伙（除名）的事由。

五、论述题

试述非法人组织的债务与责任。

六、案例分析题

案例一：

甲、乙、丙订立合伙协议，设立合伙企业 A 工厂，认缴出资分别为 40 万元、30 万元、30 万元，丙为有限合伙人。A 工厂在经营过程中，对 B 公司取得 100 万元债权。B 公司因合伙企业以外的其他事由取得对甲的 60 万元债权。此二项债权皆为金钱债权且均已届履行期。乙欠丁 50 万元债务，乙对此无力清偿。某日，乙驾车拉着 A 工厂的一批货物，途中被丁遇到，丁扣留了这批货物，欲以之抵债。A 工厂累计欠 C 公司 200 万元到期债务，其财产仅余 120 万元。丙实际缴纳了 20 万元出资。

请回答如下问题：

1. C 公司是否有权请求丙清偿 A 工厂对其的债务？为什么？

2. B 公司可否以 60 万元债权与 100 万元债务抵销？为什么？

3. 丁是否有权扣留这批货物用于抵债？为什么？

4. 丁可以如何实现其对乙的债权？由此引发什么法律效果？

案例二：

甲、乙、丙合伙设立 A 商店，注册为合伙企业，约定甲为合伙事务执行人和代表人。某日，乙跟甲商量，称自己打算向丁借款 50 万元，请求甲代表 A 商店与丁订立连带责任保证合同。甲同意，并迅速订立了该合同，丙不知情。乙从丁处借到了 50 万元钱。A 商店因某一项交易欠 B 公司 100 万元钱。数月后，丙因精神障碍丧失民事行为能力。乙于同一区域开设 C 商店，业务范围与 A 商店有交叉。1 年后，乙将合伙份额转让给 D 公司。

请回答如下问题：

1. 甲与丁订立的保证合同效力如何？为什么？

2. 丙丧失民事行为能力后是否当然退伙？为什么？

3. 乙开设C商店，应否为此向A商店承担某种责任？为什么？

4. D公司应否为A商店欠B公司的100万元债务承担责任？为什么？

单元练习七：物与其他权利客体

一、单项选择题

1. 下列哪个选项不能成为民事权利的客体（　　）
   A. 智力成果　　　　　　B. 数据
   C. 土地使用权　　　　　D. 飘在空中的一片雪花

2. 下列哪个选项不是物的重要成分（　　）
   A. 房屋的一面墙壁　　　B. 书的封面
   C. 自行车的车铃　　　　D. 苹果树上的一颗苹果

3. 下列哪个选项是民法上的物（　　）
   A. 书上的一页纸　　　　B. 一粒尘埃
   C. 与人体分离后的假牙　D. 树上的一朵花

4. 下列哪个选项是不可替代物（　　）
   A. 汽油　　　　　　　　B. 牲畜
   C. 金钱　　　　　　　　D. 矿泉水

5. 民法理论上区分了物与财产，下列关于财产的说法错误的是（　　）
   A. 财产是责任客体
   B. 财产责任分为有限责任与无限责任
   C. 财产并非处分行为的客体
   D. 财产由一定数量的物组成

6. 甲去世，只有一个继承人乙，遗产包括一辆小轿车所有权、若干存款与股权。丙对甲享有 50 万元债权，乙自己拥有价值 300 万元的财产。下列说法错误的是（　　）

A. 乙取得遗产后，该遗产是其特别财产

B. 乙自有的 300 万元财产是一般财产

C. 丙可以对乙的自有财产申请强制执行

D. 乙对 50 万元债务承担有限责任

7. 在上例中，遗产中的小轿车因火灾灭失，保险公司向乙支付了 15 万元保险金。下列说法错误的是（　　）

A. 在丙的 50 万元债权实现之前，乙的其他债权人可以对这笔保险金予以强制执行

B. 丙可以申请对这笔保险金予以强制执行以实现 50 万元债权

C. 这笔保险金所有权是乙的特别财产之一部分

D. 在丙的 50 万元债权实现之后，这笔保险金成为乙的一般财产之一部分

8. 下列哪个选项是集合物（　　）

A. 由众多小麦粒组成的一袋小麦

B. 甲公司把一家商店里所有的动产一并抵押给乙公司，这些动产是集合物

C. 组成一辆汽车的发动机、方向盘等零部件

D. 为担保债务，甲公司将其一栋房屋和一辆货车抵押给乙银行，该房屋和货车是集合物

9. 下列哪个选项不是禁止流通物（　　）

A. 枪支　　　　　　　　B. 淫秽出版物

C. 假币　　　　　　　　D. 海洛因

10. 甲拥有一处果园，种了 500 株樱桃树。某日，甲将果园出租给乙，租期 10 年，约定甲保留其中一个角落的 10 株樱桃树的收成。第一年收成时，乙摘取了大量樱桃。下列选项错误的是（　　）

A. 摘取下来的樱桃是樱桃树的天然孳息

B. 10 株樱桃树上摘取下来的樱桃是樱桃树的直接孳息

C. 490 株樱桃树上摘取下来的樱桃是租赁权的间接孳息

D. 490 株樱桃树上摘取下来的樱桃是权利孳息

11. 在上例中，3 年后，经过甲的同意，乙将果园转租给丙，丙摘取了当年 490 株樱桃树上的樱桃，并向乙支付了 30 万元租金。下列选项错误的是（   ）

   A. 乙取得的租金是权利孳息

   B. 乙取得的租金是其租赁权的直接孳息

   C. 丙从 490 株樱桃树上摘取下来的樱桃是其权利的直接孳息

   D. 被摘下来之前，樱桃不是民法上的物

12. 甲与乙订立合同，约定将一套房屋出卖给乙。当时屋里有 1 台立式空调机，双方未明确约定该空调机是否一并卖给乙。办理房屋过户登记后交房时，乙发现该空调机已被甲搬走。下列选项错误的是（   ）

   A. 乙有权请求甲交付立式空调机

   B. 双方可以明确约定立式空调机不转让

   C. 房屋过户登记后，乙取得了立式空调机所有权

   D. 房屋过户登记后，乙于甲交付立式空调机时取得其所有权

二、多项选择题

1. 下列哪些选项可以成为现代民法上的无体物（   ）

   A. 债权   B. 股权

   C. 数据   D. 人体

2. 下列哪些选项是物的一般成分（   ）

   A. 房门的钥匙

   B. 汽车的轮胎

   C. 笔记本电脑的键盘

   D. 承租人在房屋墙壁上安装的吸盘式挂钩

3. 甲在牙科诊所定制了一副假牙，某日，牙医给甲戴上假牙。数日后，甲与乙发生冲突，乙将甲口中的假牙打坏，甲将假牙拿到牙科诊所修复。下列选项正确的是（   ）

A. 牙医给甲戴好假牙之前，甲取得了假牙的所有权

B. 乙侵害了甲的物权

C. 乙侵害了甲的人格权

D. 在修复假牙的过程中，甲对假牙享有所有权

4. 下列哪些选项是特别财产（　　）

A. 尚未分割的遗产

B. 夫妻一方的个人财产

C. 未成年人享有的一套房屋所有权

D. 信托财产

5. 甲与乙订立合同，约定将甲所有的一辆汽车出卖给乙。下列选项正确的是（　　）

A. 汽车是甲所有权的客体

B. 汽车是乙债权的客体

C. 交付汽车之行为是乙债权的客体

D. 办理汽车过户登记之行为是乙债权的客体

6. 下列关于继承权的说法错误的是（　　）

A. 继承权是支配权

B. 继承权是期待权

C. 继承权具有归属力，借此可以使遗产在被继承人死亡时自动归属于继承人

D. 继承权没有客体

7. 下列哪些选项是天然孳息（　　）

A. 园丁从树上剪下来的若干树枝

B. 从地里挖出的可用于盖房的石头

C. 将房屋出租得到的租金

D. 母鸡身体里的一颗鸡蛋

8. 下列哪些选项是从物（　　）

A. 眼镜盒

B. 便携式计算机的鼠标

C. 汽车的备胎

D. 网约车司机用于导航的手机

9. 下列哪些选项是可分物（　　）

   A. 粮食　　　　　　　　B. 柴油

   C. 电脑　　　　　　　　D. 一头牲畜

10. 甲与乙订立合同，共同设立 A 公司，甲出资 500 万元，获得 45%股权。某年，甲从 A 公司分得 100 万元利润。下列选项错误的是（　）

    A. 100 万元利润是 500 万元出资的天然孳息

    B. 100 万元利润是 500 万元出资的直接孳息

    C. 100 万元利润是 45%股权的直接孳息

    D. 100 万元利润是 45%股权的间接孳息

三、辨析题

1. 民法理论上的财产，指的是物的集合体。

2. 人造器官不是民法上的物。

3. 果实是果树的孳息。

4. 民法上的收益包括孳息与使用利益。

5. "从物随主物转让"规则仅适用于处分行为。

四、简答题

1. 简述各种权利的客体。

2. 简述孳息的理论分类。

3. 简述民法上的物之要件（法律属性）。

五、案例分析题

甲、乙达成合伙协议，决定分别出资 30 万元与 20 万元，向丙租赁一个苹果园，借此共同经营，谋取利润，但并未登记为合伙企业。数日后，甲、乙与丙订立果园租赁合同，约定丙将自己创办的一个有 600 棵苹果树的苹果园出租给甲、乙，租期 5 年，租金 35 万元。果园交付后，甲、乙开始经营。秋季某日，垂涎三尺的路人丁潜入果园，将一根结满苹果的树枝折断后离去，路上将 5 颗苹果摘下后扔掉树枝。数日后，甲、乙雇人采摘苹果，共收取 10 万斤苹果。甲对 A 公司负责人宣称这批苹果是其个人所有，与 A 公司订立买卖合同，将其中 3 万斤苹果卖给 A 公司。A 公司已经支付了一半货款，并且运走了 1 万斤苹果。

请回答如下问题：

1. 丁的行为侵害了丙的何种权利？为什么？

2. 丁的行为侵害了甲、乙的何种权益？为什么？

3. 甲与A公司的苹果买卖合同效力如何？为什么？

4. 无论买卖合同是否有效，A公司为了实现对甲的债权，是否有权将剩余的2万斤苹果运走？为什么？

单元练习八：权利变动概述

一、单项选择题

1. 下列选项属于权利的继受取得的是（   ）
   A. 通过买卖合同，买受人取得对出卖人的交货债权
   B. 通过附合取得他人动产的所有权
   C. 甲公司兼并了乙公司，从而取得乙公司的财产所有权
   D. 通过先占取得动产所有权

2. 下列选项属于权利的原始取得的是（   ）
   A. 小张与他人合资设立 K 公司，取得 15% 股权
   B. 甲通过抵押权设立行为取得对乙房屋的抵押权
   C. 甲通过赠与从乙手中取得一本杨教授所著《民法总论》的所有权
   D. 夫妻约定将丈夫婚前个人财产转变为共同共有财产

3. 下列选项属于法定的特定继受取得的是（   ）
   A. 甲去世，未立遗嘱，财产由其女儿乙继承
   B. 甲将其对乙的 100 万元债权转让给丙
   C. 甲将乙的面粉做成一袋面包，据此取得面包所有权
   D. 甲对乙享有 300 万元债权，丙对此承担保证责任后，该债权移转于丙

4. 下列哪个选项不属于创设继受取得（   ）
   A. 甲通过合同取得对乙不动产的地役权
   B. 甲将其对乙的 500 万元债权转让给丙，丙取得担保该债权的房屋抵押权

C. 甲通过合同取得对乙房屋的居住权

D. 甲将其股权质押给乙

5. 下列哪个选项不属于权利的效力变更（   ）

   A. 第二顺位抵押权升级为第一顺位抵押权

   B. 动产抵押权由未登记变为已登记

   C. 债务人给付迟延致使其责任加重

   D. 抵押物转让给第三人后，第三人负担担保责任

6. 甲把一栋房屋抵押给乙，担保乙对甲的 500 万元债权。数月后，双方达成协议并且办理变更登记，以该房屋增加担保乙对甲的另一项 300 万元债权。下列哪个选项是正确的（   ）

   A. 本案抵押权的主体变更

   B. 本案抵押权的客体变更

   C. 本案抵押权的内容变更

   D. 本案只是主债权变更，抵押权并未变更

7. 甲在院子里种了一棵树，多年以后，树长得十分高大，但某年夏季该树被超强台风摧残，根基动摇，有倾覆之危险。数月过后，甲对此不闻不问，邻居乙对此深感担忧。下列哪个选项是正确的（   ）

   A. 甲对乙的不动产实施了妨害行为

   B. 甲这棵树有倾覆之危险，这是民法上的一种状态

   C. 甲这棵树有倾覆之危险，这是民法上的一种事件

   D. 若乙要求甲对这棵树予以适当处置，则乙实施了一项法律行为

8. 甲驾车不慎将乙撞死，乙的唯一法定继承人丙继承了乙的遗产。下列哪个选项是正确的（   ）

   A. 丙继承遗产是由甲的过失致人死亡这个行为导致的法律后果

   B. 丙对甲享有损害赔偿请求权是由乙死亡这个事件导致的法律后果

   C. 本案仅存在一个法律事实，即甲的过失致人死亡之行为

   D. 甲的过失致人死亡之行为是违法行为

9. 小兵在路上捡到小端丢失的手机，10分钟之后，小兵将该手机扔到路边一棵大树旁边后继续走路。下列哪个选项是正确的（　　）

   A. 小兵捡手机的举动构成法律行为

   B. 小兵捡手机的举动构成事实行为

   C. 小兵扔手机的举动构成法律行为

   D. 小兵扔手机的举动导致该手机成为无主物

10. 小赵长期不赡养父亲老赵，亲属中有略通民法者警告小赵将因此丧失继承权。小赵深刻反思后，开始对老赵勤加奉养，一段时间后，老赵甚感宽慰，表示原谅小赵此前的不孝之举。下列哪个选项是错误的（　　）

    A. 小赵长期不赡养父亲，构成违法行为

    B. 老赵表示原谅小赵，构成表示行为

    C. 老赵表示原谅小赵，构成意思通知

    D. 老赵表示原谅小赵，构成准法律行为

11. 甲向乙发出一项出售一批图书的要约，乙想起上次与甲做交易时的不愉快经历，遂回复甲，严词拒绝甲的要约，极尽挖苦之能事。下列哪个选项是错误的（　　）

    A. 甲的要约是意思表示

    B. 乙的回复构成感情表示

    C. 乙的回复构成意思通知

    D. 乙的回复构成表示行为

二、多项选择题

1. 小度用手机打了一辆网约车，车主小虎将小度拉到目的地后驶离。随后，小度手机的 APP 里跳出一则信息，提示小度及时支付 30 元车费。下列哪些选项是正确的（　　）

   A. 小度用手机打车的过程中作出了一个意思表示

   B. 小度与小虎之间存在一个法律行为

C. 手机 APP 里的付费提示是一个意思表示

D. 小虎将小度拉到目的地的行为是一个事实行为

2. 小奇到优衣库某门店挑了一件休闲服，在自动结算机前扫码、点击、付款后，拿走衣服离店。下列哪些选项是正确的（　　）

A. 小奇整个过程中一言未发，且无人搭理，所以未作出任何意思表示

B. 小奇在自动结算机前扫码、点击、付款的举动中包含了意思表示

C. 若区分负担行为与处分行为，则小奇实施了 3 个法律行为

D. 小奇拿走衣服的时候顺手拿走旁边另一件衣服，该行为是一个违法行为

3. 下列选项属于准法律行为的是（　　）

A. 无因管理　　　　　　　B. 债权让与通知

C. 债务履行催告　　　　　D. 先占

4. 甲公司与乙公司订立合同，约定乙公司并入甲公司，由乙公司的董事长担任甲公司的总经理。双方迅速办理了公司变更登记，并且在媒体上发布公告。下列哪些选项是正确的（　　）

A. 甲公司与乙公司的合并是一个法律行为

B. 合并后在媒体上发布公告是一个意思表示

C. 合并后，甲公司取得乙公司的财产属于概括取得

D. 合并后，甲公司取得乙公司的财产属于法定取得

5. 甲因借贷合同对乙享有 200 万元债权，丙为此提供保证。6 个月后，甲以 190 万元对价将该债权转让给丁，并向乙和丙发出债权转让通知，对价尚未支付。下列哪些选项是正确的（　　）

A. 丙的保证是一个法律行为

B. 甲的债权转让通知是法律行为

C. 若区分负担行为与处分行为，则本案共有 4 个法律行为

D. 甲对丙的保证权利移转于丁，这是权利的意定继受取得

6. 小佳在"八分甜"饮品店点了一杯珍珠奶茶，扫二维码付款等待

几分钟后取走奶茶。吸了一口后，发现奶茶所用材料不新鲜，遂与店员交涉，要求退货退款。店员退款，且表示奶茶不必交还，小佳前行几步后将奶茶扔进垃圾桶。下列哪些选项是正确的（   ）

A. 饮品店交付不新鲜奶茶，这是违法行为

B. 小佳要求退货退款，这是作出一项意思表示

C. 店员表示奶茶不必交还，这是作出一项意思表示

D. 小佳将奶茶扔进垃圾桶，这是作出一项意思表示

7. 下列选项属于事实行为的是（   ）

A. 抛弃占有

B. 创作学术作品

C. 因洪水导致甲、乙鱼塘中的鱼混合

D. 买卖物瑕疵告知

8. 乙公司从甲银行借了 1000 万元钱，乙公司逾期未还。甲银行向乙公司寄送催款单，乙公司负责人在该催款单上签字确认债务本息数额。下列哪些选项是正确的（   ）

A. 乙公司向甲银行借款，这是一个法律行为

B. 甲银行向乙公司寄送催款单，这是一个意思表示

C. 乙公司负责人在催款单上签字确认债务本息数额，这是一个观念通知

D. 题目语句中，总共描述了 4 个法律事实

9. 下列选项属于事件的是（   ）

A. 建造房屋

B. 人的出生

C. 自然原因导致的火灾

D. 某人下落不明

10. 甲在路上看到乙受伤倒地，无人理睬，遂打车将乙送至医院，以乙的名义在急诊处挂号并垫付医疗费用。下列哪些选项是正确的（   ）

A. 相对于乙，甲做的这些事情构成一个事实行为
B. 甲对乙实施了一个法律行为
C. 甲的打车行为是一个法律行为
D. 甲的挂号行为是一个准法律行为

三、辨析题

1. 无因管理是准法律行为。

2. 民法上的违法行为可以分为侵权行为与债务不履行行为。

3. "甲杀害乙，致乙死亡。"这句话中包含一个法律事实。

4. 权利的相对消灭实际上就是权利移转。

5. 债权让与通知是意思通知。

四、简答题

1. 简述权利继受取得的概念与分类。

2. 简述准法律行为的概念与种类。

3. 简述意思通知的概念并举例(至少三个)说明。

4. 简述观念通知的概念并举例(至少三个)说明。

5. 简述事实行为的概念并举例(至少三个)说明。

五、论述题

试述民事法律事实的分类。

六、案例分析题

甲公司与乙公司订立五金配件买卖合同,约定价款总额100万元,交货后15日内付款。丙公司对乙公司的价款债务提供保证。此后,在约定的交货日,甲公司将五金配件运送到乙公司。乙公司采购部门负责人曹某验货后发现这批货物有五分之一质量不合格,遂表示拒绝接受这五分之一货物，并将货物瑕疵状况告知甲公司负责人。15日后，乙公司仍未支付已受领货物相应的80万元价款，甲公司遂要求丙公司承担保证责任，丙公司向甲公司支付了80万元。

请回答如下问题：

1. 甲公司负责人主张曹某并非乙公司法定代表人，所以其拒绝受领之表示以及瑕疵告知不发生效力，该主张在法律上是否成立？为什么？

   _____

   _____

2. 关于甲公司的100万元价款债权，乙公司是否享有抗辩？为什么？

   _____

   _____

3. 乙公司未支付已受领货物相应的80万元价款，其行为的性质与法律后果如何？为什么？

   _____

   _____

4. 丙公司承担保证责任后，向乙公司行使80万元价款债权，乙公司主张保证合同中并未约定承担保证责任后，价款债权转让给丙公司，所以丙公司并未取得该债权。该主张是否成立？为什么？

   _____

   _____

单元练习九：法律行为与意思表示的一般原理

一、单项选择题

1. 小马外出旅行，临走前交代邻居小李，帮他照看一下房子，防止小偷入室行窃，小李答应。下列选项正确的是（　　）
   A. 小马与小李之间成立了一个法律行为
   B. 如果小马旅行期间，房子安然无恙，则小李有权请求小马支付照管费用
   C. 小李对小马房子的照看行为不构成无因管理
   D. 小偷半夜爬窗进入小马房屋行窃，小李隐约听见动静，但困倦难耐，未出门查看，小李须对小马承担损害赔偿责任

2. 小月与小满是一对好友，高考报志愿前相约一起报考某某政法大学。录取结果出来后，小月被某某政法大学录取，而小满因为临时改主意未报考某某政法大学，被另一所大学录取，小月知道后非常生气。下列选项正确的是（　　）
   A. 小月与小满各作出了一项意思表示
   B. 小月与小满之间并未因该约定而发生权利义务关系
   C. 小满背信弃义，对小月构成违约
   D. 小月与小满之间存在情谊行为

3. 甲、乙、丙是大学同学，相约共同到某饭店吃饭喝酒，采用 AA 制。下列选项正确的是（　　）
   A. 三人之间成立一个合同

B. 三人之间成立一个情谊行为

C. 在本次聚餐活动中，三人相互不负担任何义务

D. 结账时，如果甲为乙、丙垫付了餐费，则甲对乙、丙享有追偿权

4. 甲公司与乙公司初步磋商之后，达成一项《交易意向书》，约定双方有意订立一项某种品牌、某种型号的医疗器械买卖合同，具体事宜有待下一步友好、深入磋商。下列选项正确的是（   ）

A. 该《交易意向书》是一个情谊行为

B. 该《交易意向书》没有法律约束力

C. 若甲公司违反该《交易意向书》，可能需要承担违约责任

D. 该《交易意向书》构成预约

5. 甲公司是乙公司的母公司，乙公司向丙银行借款 1 亿元。期满后，乙公司未偿还借款。丙银行扬言要向法院起诉，乙公司遂向甲公司诉苦。甲公司向丙银行出具《安慰函》，称"若贵银行给乙公司一段宽限期，我公司相信其有能力偿债"。下列选项正确的是（   ）

A. 该《安慰函》中包含了一个意思表示

B. 该《安慰函》构成担保行为

C. 该《安慰函》属于情谊行为

D. 该《安慰函》没有法律约束力

6. 下列关于意思表示与法律行为关系的选项正确的是（   ）

A. 意思表示就是法律行为

B. 就单方法律行为而言，意思表示等同于法律行为

C. 意思表示是法律行为的核心要素

D. 意思表示与法律行为的区分仅体现在概念层面上

7. 下列选项不属于单方法律行为的是（   ）

A. 遗嘱

B. 设立财团法人的捐助行为

C. 行使解除权的行为

D. 抛弃动产占有的行为

8. 下列关于合同的选项正确的是（　　）

    A. 合同与契约是两个概念

    B. 合同要求数个意思表示达成一致

    C. 合同是双方法律行为

    D. 合同中的数个意思表示方向一致

9. 甲、乙是大学同学，毕业后都在律所担任助理律师。某日，二人共同与丙订立房屋租赁合同，约定丙将一套两房一厅的房屋出租给甲、乙，租金每月 5000 元，租期 1 年。下列选项正确的是（　　）

    A. 三人之间成立两个合同

    B. 如果甲、丙已经在租赁合同上签名，但乙不签名，则合同仍然在甲、丙之间成立

    C. 甲、乙实施了一项共同法律行为

    D. 甲、乙作出的意思表示本身构成一项法律行为

10. 下列关于决议的选项错误的是（　　）

    A. 某团体形成一个名称为"决定"的文件，由该名称可知，该文件不是决议

    B. 决议是法律行为

    C. 决议中包含了意思表示

    D. 决议对未参与表决的成员也有约束力

11. 下列关于身份行为的选项错误的是（　　）

    A. 收养行为是身份行为

    B. 成年人意定监护协议是身份行为

    C. 身份行为通常不得附条件

    D. 身份行为适用代理

12. 甲基于借贷合同对乙享有 50 万元债权。某日，甲、丙订立合同，约定甲将该借贷本息债权以 52 万元对价转让给丙，且债权自对价支付完毕时移转。下列选项错误的是（　　）

A. 题中语句描述了 4 个法律行为

B. 甲、丙的合同中包含了一项处分合意

C. 甲、丙的合同中包含了一项负担合意

D. 甲、乙的借贷合同是负担行为

13. 甲将一辆小轿车借给乙，数日后，乙、丙订立合同，约定乙将该车出租给丙，租金每周 150 元，丙当场以现金支付了第一周的租金，乙交付了汽车。下列选项错误的是（　　）

A. 甲、乙实施了一项负担行为

B. 乙实施了一项无权处分行为

C. 关于租金，丙实施了处分行为

D. 乙、丙的租赁合同是有效的

14. 在我国民法中，下列选项属于诺成行为的是（　　）

A. 保管合同　　　　　　B. 定金合同

C. 自然人之间的借贷合同　　D. 委托合同

15. 甲公司办公室主任小陈某日早晨将一摞内部机构事物处理请示文件放在董事长王某的办公桌上，其中不小心夹杂着一张合同解除函，内容是解除与乙公司的租赁合同。王某未加细看，以为都是内部文件，全部签名。下列选项正确的是（　　）

A. 王某签署解除函时欠缺行为意思

B. 王某签署解除函时欠缺表示意识

C. 甲公司的解除意思表示不成立

D. 即便乙公司的负责人明知道真实情况，甲公司的解除意思表示仍然成立

16. 甲有一间店面，乙想以较低价格租下这间店面，但甲不同意。某日，乙拟好租赁合同书，并让丙请甲喝酒，趁甲醉酒时，丙拿出租赁合同书，拉过甲的手在合同书上摁了指印。下列选项正确的是（　　）

A. 丙的行为构成第三人胁迫

B. 丙的行为构成第三人欺诈

C. 甲摁指印时欠缺行为意思

D. 由于甲欠缺效果意思，不符合意思表示的主观要件，所以合同不成立

17. 小淘驾车寻找停车位，看到路边有临时停车位，公告牌上写明"停车每小时 10 元"，但没看见附近有看守员。小淘将车倒入一个停车位后下车离开。下列选项错误的是（   ）

   A. 公告牌上的文字包含一个意思表示

   B. 公告牌上的文字构成要约

   C. 小淘的举动构成意思实现

   D. 小淘与停车位经营者之间欠缺合意，所以不成立合同

18. 小梦在 23 点 50 分用微信给小香留言"我愿意把这次周董演唱会的门票原价转卖给你"，当时小香已经入睡，手机静音。下列选项正确的是（   ）

   A. 小梦的意思表示是对话的意思表示

   B. 小梦的意思表示尚未发出

   C. 小梦的意思表示于当晚 23 点 50 分到达小香

   D. 小梦于次日凌晨 3 点醒来，反悔，可以再发送一则微信留言，撤回意思表示

19. 甲手持一份提货单，写明在某仓储公司存有一批货物，表示愿意出售给乙，但要求乙预付 20 万元作为定金，乙觉得物美价廉，遂同意并支付了定金。甲实际上并非该批货物所有权人，而且其订立买卖合同只是想骗取定金。下列选项错误的是（   ）

   A. 甲的出售表示构成真意保留

   B. 甲的出售表示不成立意思表示

   C. 甲的行为构成欺诈

   D. 乙在订立合同过程中陷入动机错误

20. 小慕逛服装店，跟售货员说"那件皮衣我试一下"，售货员知道那件衣服的材质并非皮料，而是革料，但觉得此种高级革料并不逊色于皮料，故未加纠正。小慕购买这件衣服后，发现其并非皮

衣，打算退货。下列选项错误的是（　　）

A. 售货员的行为违背诚信原则

B. 售货员的行为构成欺诈

C. 小慕无权退货，因为服装标签上的材质栏目写的本来就是"革"，货物没有瑕疵

D. 小慕在订立合同过程中陷入动机错误

二、多项选择题

1. 小依在"一点点"饮品店点了一杯"百香大橘"，数分钟后回到柜台前，看到柜台上放着一杯刚做好的饮料。小依以为是自己点的那杯，拿过来喝了一口后发现味道不对，一问才知道是另一位顾客小倩点的"鲜百香双爆珠"。小倩点完单后去对面服装店闲逛。下列选项正确的是（　　）

    A. 小依与饮品店之间成立了一项负担行为

    B. 小依与饮品店之间成立了一项"百香大橘"处分行为

    C. 小依与饮品店之间成立了一项"鲜百香双爆珠"处分行为

    D. 小依没有侵害小倩的权利

2. 杨教授新著一书，名曰《法律行为论》，赠送一本于友人张教授，但事先并未告知。张教授收到快递后，拆开翻阅，于精要处圈画标注。下列选项正确的是（　　）

    A. 张教授收到快递时，赠与合同成立

    B. 由于张教授未作出任何意思表示，所以赠与合同因欠缺合意而不成立

    C. 张教授的圈画标注构成意思实现

    D. 张教授作出了一项默示意思表示

3. 小同在某公交车站等车，一辆20路公交车进站，车门打开后，小同登车，直到过了3站之后，小同才想起来去刷卡。下列选项错误的是（　　）

    A. 公交公司与小同之间仅存在事实行为，不存在法律行为

B. 小同刷卡前，没有作出意思表示

C. 公交公司与小同都作出了默示意思表示

D. 小同在车站等车的举动构成沉默的意思表示

4. 下列选项属于"无相对人的意思表示"的是（　　）

   A. 遗嘱

   B. 我国《民法典》中的悬赏广告

   C. 设立财团法人的捐助表示

   D. 意思实现

5. 甲公司的法定代表人董某让秘书起草了一份买卖合同书，董某看完后在合同书上签章，并让秘书找快递寄给乙公司。半个小时后，快递员取走合同书并装袋，贴好标签后离去。下列选项错误的是（　　）

   A. 秘书起草完买卖合同书时，甲公司的意思表示成立

   B. 董某在买卖合同书上签章后，甲公司的意思表示成立

   C. 秘书在快递平台上完成下单时，甲公司的意思表示发出

   D. 快递员在快件上贴好标签后离去时，甲公司的意思表示成立

6. 甲公司与乙公司订立了建设工程承包合同，由于承包人乙公司严重违约，且拒不整改，甲公司决定解除合同，并通过快递向乙公司寄送《解除函》。当快递员告诉乙公司负责人，该快件为"费用到付"，需要乙公司支付快递费时，乙公司负责人拒绝签收。下列选项错误的是（　　）

   A. 因为解除权的行使属于单方法律行为，所以无须乙公司受领即可生效

   B. 甲公司的解除表示因为未到达乙公司而不生效力

   C. 因为乙公司拒绝签收，所以解除表示拟制到达乙公司

   D. 甲公司须重新寄送《解除函》

7. 某水果批发商与某农场洽谈"洋桃"收购事宜，谈妥后，双方签订买卖合同，但合同中"货物品名"一栏所填为"油桃"，双方负责人当时未加细看。下列选项错误的是（　　）

A. 本案意思表示是有相对人的意思表示，应依规范性解释，将买卖标的物解释为"油桃"

B. 该买卖合同双方当事人都发生意思表示错误

C. 本案应当采用自然解释，将买卖标的物解释为"洋桃"

D. 水果批发商有权撤销买卖合同

8. 某银行针对储蓄合同拟定了一系列格式条款，其中最后一个条款写明"本行对合同享有最终解释权"。下列选项正确的是（　　）

A. 由于储蓄合同写明"本行对合同享有最终解释权"，所以一旦与客户发生理解分歧，均应以银行对合同条款的理解为准

B. 该合同条款的解释，应当采用客观视角，无须考虑银行的真实意思

C. 该合同条款有多种含义的，应作不利于银行的解释

D. 某客户与该银行签约时，双方在合同书末尾添加了一个手写条款，其内容与格式条款不一致，应以该手写条款为准

9. 某教授主持读书会，在间歇时段与学员闲聊过程中欣然表示，愿意以五折价格向每位学员出售一本自己签名的新著《民法总论》，学员们鼓掌称好，表示十分期待。实际上，该教授当时只想开个玩笑，活跃气氛。下列选项错误的是（　　）

A. 教授的言语构成真意保留

B. 由于学员们对教授的言语产生信赖，所以该言语成立一项意思表示

C. 教授与学员们之间存在通谋虚伪表示

D. 教授有权撤销合同

10. 甲公司授权朱某作为代理人与乙公司洽谈货物买卖事宜，朱某带了一个谈判助理小高参与此项交易。在磋商过程中，小高向乙公司采购负责人介绍货物品质性能时，多有夸大不实之词，朱某对此并不知情。乙公司对甲公司的货物相当满意，遂在价格谈拢后与朱某订立了买卖合同。成交价格与货物的实际品质性能相符。下列选项错误的是（　　）

A. 因为实施欺诈的是第三人，甲公司对此并不知情，所以乙公司无权撤销合同

B. 鉴于乙公司在价格上并未吃亏，所以乙公司无权撤销合同

C. 甲公司欠缺欺诈故意，所以不构成欺诈

D. 小高的不实之词与乙公司作出意思表示之间没有因果关系，所以不成立欺诈

11. 甲公司授权何某作为代理人与乙公司洽谈签订货物买卖事宜，此种货物近来因国际贸易形势的变化，价格已经开始下降，但何某对此并不知情，仍依据其固有经验向乙公司提出报价，导致最终成交价格高于时价8%，乙公司负责人心中窃喜。下列选项错误的是（　　）

    A. 乙公司构成沉默的欺诈，甲公司有权撤销合同

    B. 甲公司发生动机错误

    C. 甲公司可以重大误解为由撤销合同

    D. 甲公司可以双方动机错误为由撤销合同

12. 甲公司与乙公司订立特种设备买卖合同，乙公司迟延交货，甲公司要求其支付50万元违约金。乙公司回函称："若贵公司免除50万元违约金，则我公司保证继续履行合同义务；若不免除，则交货难以保证。"甲公司因急缺该特种设备，遂表示免除乙公司的违约金。下列选项错误的是（　　）

    A. 甲公司可以受胁迫为由撤销违约金免除行为

    B. 甲公司可以显失公平为由撤销违约金免除行为

    C. 甲公司自愿免除违约金，是一种商务策略，不得反悔

    D. 甲公司可以受胁迫为由撤销设备买卖合同

13. 下列关于胁迫的选项正确的是（　　）

    A. 受胁迫的法律行为一律可撤销

    B. 第三人胁迫导致法律行为可撤销，不取决于相对人是否知情

    C. 第三人胁迫与第三人欺诈的效果有所不同

    D. 以正当手段相要挟的，不构成胁迫

14. 甲公司与乙公司订立煤炭买卖合同，货款1亿元，乙公司为买受人。乙公司又与丙公司订立煤炭买卖合同，货款1亿元，丙公司为买受人。丙公司与甲公司订立煤炭买卖合同，货款1.2亿元，甲公司为买受人。货款先由丙公司支付给乙公司，再由乙公司支付给甲公司，最后由甲公司支付给丙公司，从头到尾有6个月时间差。丙公司的货款系从银行贷款而来。按照私下约定，煤炭无须交付。下列选项正确的是（　　）

    A. 三个买卖合同皆因通谋虚伪表示而无效

    B. 本案各方买卖合同下隐藏了甲公司与丙公司的借贷合同

    C. 本案的借贷合同因违法而无效

    D. 甲公司无须将所收款项支付给丙公司

15. 夏季来临，小静在某多多上挑选夏装，初步看中了一条白色裙子，一路点击各交易环节的按钮。就差最后一步时，小静犹豫不决。彼时已至深夜，加之网购耗神过巨，一阵倦意袭来，小静顿觉眼皮沉重，在打瞌睡的过程中，不经意间点击了网购的最后一步按钮。下列选项正确的是（　　）

    A. 从网店的角度看，小静作出了购买裙子的意思表示

    B. 小静欠缺表示意识，所以其点击举动不成立意思表示

    C. 在点击最后一步按钮时，小静欠缺行为意思

    D. 对于误击网购按钮，小静具有可归责性

16. 下列关于单方法律行为的选项正确的是（　　）

    A. 单方法律行为由无须受领的意思表示构成

    B. 行使抵销权的行为是单方法律行为

    C. 债务免除是单方法律行为

    D. 股东会表决过程中，某股东的投票行为是单方法律行为

三、辨析题

1. 债权法上的法律行为就是债权行为。

2. 意思表示自成立时发生效力。

3. 合同是双方法律行为。

4. 在动机错误情形中，法律行为不可撤销。

5. 在填补意思表示漏洞时，补充性意思表示解释优先于任意性法律规范的适用。

6. 我国《民法典》确立了"通谋虚伪表示无效不得对抗善意第三人"之一般规则。

7. 在戏谑表示情形中，不成立意思表示。

8. 第三人胁迫与相对人胁迫在效果上没有区别。

9. 好意的欺诈不构成民法上的欺诈。

10. 相对人以外的其他人欺诈表意人的，属于第三人欺诈。

四、简答题

1. 简述欺诈的一般构成要件（相对人欺诈的构成要件）。

2. 简述胁迫的构成要件。

3. 简述意思表示错误的构成要件。

4. 简述导致法律行为可撤销的意思表示错误类型。

5. 简述真意保留的构成要件。

6. 简述真意保留与戏谑表示的概念及区别。

7. 简述意思表示的到达障碍。

五、法条解释（评注）题

《民法典》第 146 条第 1 款："行为人与相对人以虚假的意思表示实施的民事法律行为无效。"

六、论述题

1. 试述意思表示解释的原则。

2. 试述负担行为与处分行为的区分。

3. 试述意思表示与法律行为的关系

七、案例分析题

案例一：

甲有数套房屋，为了减少房屋持有数量，以便符合房地产调控政策，从而可以再买一套新房，某日，甲与其表弟乙订立赠与合同，并办理过户登记，将其中一套房屋登记到乙的名下。乙称自己最近刚好没有住处，请求甲允许其居住一年，甲遂将房屋钥匙交给乙。实际上，乙当时已有其他住处。1个月后，乙以所有权人的身份将该房屋出租给丙，租期1年，租金每月10000元，当时即交付钥匙给丙。又过了6个月，乙与丁订立买卖合同，将该房屋以800万元价格出卖给丁，并于1个月后办理了房屋过户登记。

请回答如下问题：

1. 关于房屋赠与，甲、乙实施了哪些法律行为？效力如何？为什么？

2. 甲应乙的请求，允许乙居住1年，这在民法上属于什么行为？效力如何？

3. 乙、丙的租赁合同效力如何？为什么？

4. 乙、丁的房屋买卖合同效力如何？为什么？

5. 丁是否取得房屋所有权？为什么？

案例二：

甲公司与乙公司订立建设工程承包合同，竣工后，甲公司累计欠乙公司8000万元工程款。在另外一个项目中，乙公司欠甲公司300万元违约金。甲公司曾向乙公司寄送函件，表示将300万元违约金与同等数额的工程款抵销。由于乙公司搬离了原住所，所以该函件被邮局退回，甲公司负责人对此未加注意。乙公司多次向甲公司讨债，并与甲公司的母公司丙公司交涉。在丙公司的法务部讨论如何应对的过程中，青年员工小夏立功心切，献计称其在大学里上民法课时，听某教授说在这种情况下母公司可以出具《安慰函》，先将债权人稳住，以免其对子公司采取法律措施，而且母公司不必为此承担法律责任。法务部经理闻此高论，如获至宝，遂令小夏拟一份《安慰函》，文曰："深知贵公司向甲公司多次催款未果，勿忧，我司对此高度重视，必将确保贵公司如数收回工程款，分文不失。"加盖丙公司公章后，该《安慰函》送达乙公司。六个月后，甲公司仍未还债，乙公司遂持《安慰函》要求丙公司兑现诺言，履行义务。

请回答如下问题：

1. 甲公司的抵销行为是否生效？为什么？

2. 依据意思表示解释的原理,本案中的《安慰函》应如何解释?为什么?

3. 本案中的《安慰函》效力如何?为什么?

4. 若丙公司主张,乙公司收到《安慰函》后未作任何表示,所以双方并未达成合意,丙公司无须因《安慰函》承担责任,则该如何处理?

单元练习十：法律行为的成立与生效

一、单项选择题

1. 下列哪个法律行为不以交付为特别成立要件（　　）
   A. 保管合同　　　　　　　　B. 定金合同
   C. 小陈与小李之间的借款合同　D. 仓储合同

2. 按照《民法典》第427条的规定，动产质押合同须采用书面形式。下列选项正确的是（　　）
   A. 书面形式是动产质押合同的特别生效要件
   B. 书面形式是动产质权的特别成立要件
   C. 书面形式是动产质押合同的特别成立要件
   D. 未采用书面形式，即便质物已经交付，质押合同也不成立

3. 小钢与小雪相爱多年，觉得应该更进一步，遂决定结婚。因二人皆为法律工作者，久习于规范处事，故订立一份《结婚合同》，对终身大事予以明确约定。下列选项正确的是（　　）
   A. 二人的结婚行为已经成立，但因未登记而尚未生效
   B. 二人的结婚行为因未登记而尚未成立
   C. 二人的结婚行为已经生效
   D. 《结婚合同》产生了债权债务关系

4. 下列哪个法律行为没有形式约束力（　　）
   A. 附停止（生效）条件法律行为
   B. 等待行政机关批准的合同
   C. 可撤销的合同
   D. 被继承人死亡之前的遗嘱

5. 下列关于法律行为特别生效要件的说法错误的是（　　）

　　A. 附停止条件法律行为以条件成就为特别生效要件

　　B. 遗嘱以遗嘱人死亡为特别生效要件

　　C. 保管合同以交付保管物为特别生效要件

　　D. 处分行为以处分权为特别生效要件

6. 下列关于须经批准的法律行为的说法正确的是（　　）

　　A. 此类法律行为以主管机关批准为成立要件

　　B. 此类法律行为以主管机关批准为特别生效要件

　　C. 此类法律行为在获得批准之前没有约束力

　　D. 此类法律行为在获得批准之前无效

7. 下列关于法律行为效力待定的说法正确的是（　　）

　　A. 可撤销法律行为效力待定

　　B. 效力待定的法律行为相对无效

　　C. 效力待定的法律行为可能因追认而发生效力

　　D. 行为人欠缺行为能力的，法律行为效力待定

8. 下列关于法律行为约束力的说法正确的是（　　）

　　A. 违背公序良俗的法律行为具有形式约束力

　　B. 效力待定的法律行为没有形式约束力

　　C. 可撤销法律行为没有形式约束力

　　D. 消费者订立的远程购物合同在7天内对消费者没有形式约束力

二、多项选择题

1. 下列关于法律行为成立与生效的说法正确的是（　　）

　　A. 法律行为成立与生效的时点一致

　　B. 成立的法律行为未必生效

　　C. 在我国民法上，采用法定形式是法律行为的特别成立要件

　　D. 在遗嘱人死亡之前，遗嘱未成立

2. 甲丢失一本新书，被乙捡到，乙将该书出卖给丙，并已经交付。下列说法正确的是（　　）

A. 乙、丙的买卖合同已经成立，但未生效

B. 乙、丙的处分行为无效

C. 乙、丙的处分行为效力待定

D. 若甲追认，则乙、丙的处分行为生效

3. 甲与乙订立房屋买卖合同，约定甲将一套房屋以 600 万元出售给乙，乙应当支付 10 万元作为定金，一个月后办理房屋过户登记并支付价款。但乙一直未支付定金。下列说法正确的是（   ）

   A. 房屋买卖合同已经成立且生效

   B. 甲、乙之间成立了定金合同

   C. 甲无权请求乙支付定金

   D. 因乙未支付定金，所以定金合同不成立

4. 甲对乙享有 200 万元债权，乙逾期未清偿债务，甲向法院申请查封了乙的一间店面以及店内的货物。数日后，乙撕掉封条，将店内货物出售给丙，并将店面出租给丁。下列说法正确的是（   ）

   A. 店面租赁合同有效

   B. 货物买卖合同无效

   C. 货物买卖合同相对于甲不生效力

   D. 货物所有权处分行为相对于甲不生效力

5. 下列关于法律行为效力障碍的说法正确的是（   ）

   A. 限制行为能力人实施的纯获益法律行为存在效力障碍

   B. 违背公序良俗的法律行为存在效力障碍

   C. 无权代理且相对人为恶意的法律行为存在效力障碍

   D. 无权处分的买卖合同存在效力障碍

三、辨析题

1. 不符合生效要件的法律行为没有约束力。

2. 因违反禁止性法律规范而无效的法律行为自始没有形式约束力。

3. 行为人欠缺行为能力的，法律行为无效。

4. 法律行为的形式瑕疵可以因追认得以补正。

5. 法律行为符合全部一般生效要件的，完全、确定地发生效力。

四、简答题

1. 依通说，法律行为的效力状态包括哪几种？

2. 简述我国民法上法律行为特别生效要件的主要情形。

3. 简述我国民法上法律行为特别成立要件的主要情形。

4. 简述法律行为的形式约束力。

五、论述题

试述法律行为的生效要件。

六、案例分析题

乙打算向甲借钱,双方约定要订立合同书。某日,乙打印了一式两份《借款合同》,主要内容是甲出借 50 万元钱给乙,期限 1 年,年利率 10%。2024 年 6 月 1 日之前,甲应向乙转账此笔借款。乙自己签完名后,把合同书交给甲,但甲一直没有签名。经乙数次催告后,甲于 2024 年 6 月 25 日将 50 万元借款转账给乙。双方此前曾口头约定乙将一件北宋瓷瓶质押给甲,以担保此项借款债务。乙收到借款的次日,将该瓷瓶交给了甲,当时甲刚刚知道该瓷瓶并非乙所有,而是乙的舅舅丙所有。一个月后,丙获悉自己的瓷瓶被乙质押。

请回答如下问题:

1. 在甲签名之前,乙是否有权请求甲支付 50 万元借款?为什么?

2. 甲的转账行为在民法上有何意义?为什么?

3. 甲比合同书写明的付款日期晚了 25 天才支付借款，应否承担违约责任？为什么？

4. 甲、乙的质押合同何时成立？为什么？

5. 甲、乙的质押合同是否有效？甲是否取得质权？为什么？

单元练习十一：法律行为的效力障碍

一、单项选择题

1. 甲与乙订立合伙协议，约定双方合伙从事毒品制造活动。下列选项正确的是（　　）
   A. 该合伙协议有效
   B. 该合伙协议自判决认定无效时无效
   C. 该合伙协议自一方当事人主张其无效时无效
   D. 该合伙协议自成立时无效

2. 甲与乙订立借款合同，约定甲向乙借款 50 万元，年利率超过法律允许的最高年利率 30%。下列选项正确的是（　　）
   A. 该借款合同有效
   B. 该借款合同中的利率条款无效
   C. 该借款合同中的利率条款部分无效，即超过法律允许的最高年利率 30% 之部分无效
   D. 该借款合同整体无效

3. 下列哪个法律行为不是无效的（　　）
   A. 6 岁的小果接受赠与
   B. 限制行为能力人订立的遗嘱
   C. 国有企业甲公司受欺诈而订立的买卖合同
   D. 重婚行为

4. 甲对乙享有 100 万元债权。某日，甲与丙达成合意，约定将该债权转让给丙，对价为 98 万元。二人未将此事通知乙。下列选项正确的是（　　）

A. 甲、丙债权转让的负担行为无效

B. 甲、丙债权转让的处分行为无效

C. 甲、丙债权转让的负担行为相对于乙为无效法律行为

D. 甲、丙债权转让的处分行为相对于乙不发生效力

5. 按照《民法典》第 705 条第 1 款的规定，租赁期限超过 20 年的，超过部分无效。甲公司与乙公司就某不动产订立了 30 年期限的租赁合同。下列选项正确的是（   ）

A. 只有租赁双方当事人才能主张无效，其他人不得主张无效

B. 法院无须援引《民法典》第 153 条第 1 款，即可认定"超过部分无效"

C. 合同中的租赁期限条款整体无效

D. 经过主管机关批准的，合同中的租赁期限条款有效。

6. 甲公司与乙公司订立《合作协议》，该协议违反了行政规章的禁止性规定。下列选项正确的是（   ）

A. 法院应当依据《民法典》第 153 条第 1 款认定该协议无效

B. 该协议可能违背公序良俗

C. 该协议经过行政机关批准的，有效

D. 该协议确定有效，只须对当事人予以行政处罚即可

7. 甲为骗取钱财，与乙订立买卖合同，实际上甲根本不想履行该合同。下列选项正确的是（   ）

A. 因甲的行为构成诈骗罪，违反了刑法的强制性规定，所以合同无效

B. 买卖合同是可撤销法律行为

C. 法院可以依职权认定买卖合同无效

D. 买卖合同是否有效，取决于乙是否追认

8. 某商贩在街道旁边摆摊出售小饰品，某女生路过此处，买了一条珍珠手链，正待付款，城管赶来，商贩仓皇逃离。下列选项正确的是（   ）

A. 因占用街道出售商品的行为违反《城市道路管理条例》，所以

买卖合同无效

B. 因该商贩私下销售商品，偷税漏税，所以买卖合同无效

C. 该商贩对该女生享有价款请求权

D. 该女生可以主张该商贩的行为违法，从而解除买卖合同

9. 小帆在某大学学习法律，毕业前顺利通过了法考，但尚未拿到律师执业证。为了给继续深造积攒学费，小帆充分运用广泛的人脉，以律师的身份按照比较优惠的收费标准为客户提供法律服务。下列选项正确的是（ ）

A. 小帆与客户之间的有偿法律服务合同因违反禁止性法律规范而无效

B. 基于合同，小帆对客户享有报酬请求权

C. 如果小帆提供的法律服务存在瑕疵，则客户有权请求其承担违约责任

D. 如果客户明知道小帆尚未拿到律师执业证，则合同有效

10. 甲虽与乙离婚，但不愿意看到乙将来另嫁他人，遂与乙订立合同，约定乙承诺 10 年内不再结婚，甲给乙一套新房作为补偿。下列选项正确的是（ ）

A. 该合同因违法而无效

B. 该合同符合私法自治原则，所以有效

C. 该合同因违背公序良俗而无效

D. 如果乙第二年与他人结婚，则甲有权请求其承担违约责任

11. 甲与乙订立借款合同，约定甲将 200 万元钱借给乙。同时，丙与甲订立抵押合同，约定丙将一套房屋抵押给甲，担保甲对乙的借款债权。丙将房产证交给了甲，但一直未办理抵押登记。下列选项正确的是（ ）

A. 抵押合同因未办理抵押登记而不成立

B. 抵押合同因未办理抵押登记而不生效

C. 抵押合同虽无效，但可以转换为连带责任保证合同

D. 甲未取得房屋抵押权

12. 甲公司与乙公司订立借款合同，约定甲公司将 1000 万元自有资金借给乙公司，年利率 10%，期限 1 年。同时，丙与甲公司订立担保合同，约定丙将其持有的丁公司 15% 股权转让给甲公司，担保甲公司对乙公司的借款债权，乙公司届期不还债的，股权直接归属于甲公司，无须对股权价值与债权数额进行清算。下列选项正确的是（　　）

    A. 甲、丙的担保合同无效

    B. 甲、丙的担保合同中关于"股权归属于甲公司且无须清算"的条款无效

    C. 甲、乙的借款合同无效

    D. 依据风险自负原则，债务届期时，若股权价值低于债务数额，乙公司无须补足差额

13. 甲的妻子身患重病，急需巨额医疗费，乙知悉该情况后，提议甲将收藏的一幅明代画作出售给自己，以换取资金。在商谈过程中，乙将价格压低至 50 万元，并订立买卖合同，实际上该幅画作的价值超过百万。下列选项正确的是（　　）

    A. 买卖合同因违背公序良俗而无效

    B. 买卖合同因重大误解而可撤销

    C. 买卖合同因显失公平而可撤销

    D. 买卖合同因胁迫而可撤销

14. 甲受乙胁迫订立买卖合同，将一间店面出售给乙。一个月后，双方办理了所有权过户登记手续。下列选项正确的是（　　）

    A. 甲、乙的负担行为可撤销，但处分行为不可撤销

    B. 甲明知受胁迫的合同效力有瑕疵，但仍配合办理过户登记，构成撤销权的默示放弃

    C. 甲的撤销权适用诉讼时效

    D. 乙的行为对甲构成侵权

15. 甲与乙登记结婚，双方私下达成协议，约定其结婚附解除条件，一旦婚后乙对甲撒谎累计达到 3 次，则婚姻自动解除。下列选项

正确的是（   ）

A. 甲、乙的结婚行为因违背公序良俗而无效

B. 若婚后乙对甲撒了 3 次谎，则婚姻关系自动终止

C. 甲、乙的结婚行为视为未附解除条件

D. 双方私下达成的协议无效，原因是未经登记

16. 甲与乙订立股权转让合同，约定甲将其持有的某公司 20% 股权以 1000 万元价格转让给乙，并特别约定"若甲在本合同订立后 2 个月内表示不愿意转让，则本合同失效"。下列选项正确的是（   ）

A. 甲、乙的股权转让合同附解除条件

B. 甲、乙的股权转让合同附单方解除权

C. 甲、乙的股权转让合同未生效

D. 合同中的那项特别约定无效

17. 甲与乙订立股权转让合同，约定甲将其持有的某公司 20% 股权以 1000 万元价格转让给乙，并特别约定"本合同的生效条件为甲与丙的合作项目获得政府批准"。3 个月后，甲与丙的合作项目获得了政府的批准，但此时甲因故丧失了民事行为能力。下列选项正确的是（   ）

A. 甲、乙的股权转让合同附停止条件

B. 在甲、丙的合作项目获得批准后，甲、乙的股权转让合同自订立时生效

C. 因甲丧失民事行为能力，所以股权转让合同不发生效力

D. 股权转让合同是否有效，取决于甲的法定代理人是否追认

18. 在上例中，乙订立合同后反悔，遂借助其在政府中的人脉，做了一些工作，使得甲、丙的合作项目没有得到批准。下列选项错误的是（   ）

A. 甲、乙的股权转让合同因条件未成就而不发生效力

B. 甲、乙的股权转让合同因条件成就而发生效力

C. 乙的做法违背诚信原则

D. 关于甲、丙的合作项目未获批准，甲有权请求乙赔偿

二、多项选择题

1. 下列关于法律行为部分无效的选项正确的是（　　）

   A. 合同中的免责条款无效不影响其他条款的效力

   B. 担保合同中的流质条款无效不影响其他条款的效力

   C. 关于给付义务的条款无效通常导致合同整体无效

   D. 部分无效规则适用的前提是法律行为具有可分性

2. 下列选项属于无效法律行为的是（　　）

   A. 由 7 岁小孩订立的接受他人赠与的合同

   B. 限制行为能力人所立的遗嘱

   C. 自然人之间的枪支买卖合同

   D. 因胁迫而订立的劳动合同

3. 甲公司与乙公司订立合同，约定甲公司将某铜矿的采矿权转让给乙公司，并约定甲公司有义务去申请办理采矿权转让的行政审批手续，若违反此项义务，应向乙公司支付 100 万元违约金。此后，甲公司一直未积极去申请审批。下列选项正确的是（　　）

   A. 因采矿权转让合同尚未获得批准，所以无效

   B. 关于甲公司报批义务及违约金的约定已经发生效力

   C. 甲公司须为其不积极报批而承担违约责任

   D. 由于股权转让合同尚未生效，所以违约金条款亦未生效

4. 按照《农村土地承包法》第 34 条的规定，转让农村土地承包经营权的，应当经过发包方同意。鲁某一家承包了 20 亩土地，与村委会订立了土地承包合同，承包期限 30 年。3 年后，鲁某一家将其中 10 亩土地的承包经营权转让给本村的姜某，订立了转让合同且交付了土地，但未经村委会同意。下列选项正确的是（　　）

   A. 《农村土地承包法》第 34 条是强制性法律规范，鲁某、姜某的合同违反该规定，无效

   B. 如果村委会决定不同意此项权利转让，则鲁某、姜某的土地承

包经营权转让行为无效

C. 在村委会尚未决定是否同意此项权利转让之前,权利转让行为效力待定

D. 法官对此项合同纠纷进行裁判时,不应援引《民法典》第153条第1款作为裁判依据

5. 下列关于违反行政规章的法律行为之选项正确的是（   ）

A. 因行政规章并非《民法典》第153条第1款所指的法律规定,所以违反行政规章的法律行为有效

B. 须依行政规章的规范目的决定是否援引《民法典》第153条第1款判定法律行为无效

C. 应当谨慎认定违反行政规章的法律行为无效

D. 违反行政规章的法律行为可能违背公序良俗

6. 小毅从某大学医学院毕业,求职不顺,暂时没有工作,决定复习考研。在此期间,为解决生活费问题,小毅多次以医生的身份为村民看病,收取一定的治疗费。下列选项错误的是（   ）

A. 因小毅没有医师资格,非法行医,所以其订立的医疗合同无效

B. 小毅非法行医,只要予以行政处罚即可,不影响医疗合同效力

C. 小毅此举利人利己,且可以缓解就业压力,所以医疗合同有效

D. 如果患者明知道小毅没有医师资格,则医疗合同有效

7. 甲因吸毒耗尽家财。某日,甲毒瘾发作,找到毒贩乙,求购毒品。由于甲身无分文,乙遂帮甲找丙借钱,丙知道甲借钱的用途,仍以年利率30%将5万元钱借给甲。下列选项错误的是（   ）

A. 甲、丙的借款合同部分无效,即超出法律允许范围的利率约定无效

B. 借款合同因违反刑法的强制性规定而无效

C. 借款合同因违背公序良俗而无效

D. 丙有权请求甲支付LPR（贷款市场报价利率）4倍范围内的利息

8. 某单位员工小冬无意中窥见领导实施了违法犯罪行为,领导与小

冬约定，向小冬支付 10 万元"封口费"，小冬答应绝对保密。下列选项错误的是（   ）

A. 双方的约定违反法律、行政法规的强制性规定，所以无效

B. 如果小冬泄密，则领导有权请求其承担违约责任

C. 依诚信原则，小冬应信守诺言，不向任何单位或者个人泄密

D. 双方的约定因违背公序良俗而无效

9. 甲、乙订立买卖合同，约定甲以 10 万元价格向乙购买一台机器人。此后，双方完成交货付款。在使用过程中，甲发现缔约时受乙欺诈，误以为该机器人具有其所期待的功能，遂撤销了法律行为。下列选项正确的是（   ）

A. 甲行使撤销权之前，已经取得了机器人的所有权

B. 甲行使撤销权之后，对乙享有不当得利返还请求权

C. 甲行使撤销权之后，对乙享有违约损害赔偿请求权

D. 甲行使撤销权之后，乙对甲享有所有物（机器人）返还请求权

10. 甲、乙是朋友，订立租赁合同，约定甲将一套房屋出租给乙，每月租金 3000 元，租期 1 年。该房屋正常租金应为每月 6000 元，但考虑到友情因素以及乙的拮据状况，甲降价出租。数月后，甲、乙因琐事而关系不睦，甲遂反悔，主张租赁合同显失公平。下列选项错误的是（   ）

A. 该租赁合同显失公平，所以可撤销

B. 甲发生意思表示错误，所以有权撤销租赁合同

C. 该租赁合同部分可撤销，即降价出租的部分约定可撤销

D. 该租赁合同确定有效

11. 高一年级学生甲不愿意继续住校，也不愿意回家住，遂在学校附近向乙租了一间房屋，以追求自由生活。两个星期后，甲的父母知道该情况。下列选项错误的是（   ）

A. 该租赁合同无效

B. 若乙催告甲的父母追认，则甲的父母可以向甲表示追认

C. 乙可以在甲的父母追认之前，撤销合同

D. 甲的父母知道情况后，一直未表示反对，该举动构成默示追认

12. 下列法律行为不得附条件的是（   ）

    A. 收养

    B. 不动产买卖合同

    C. 追认行为

    D. 票据的背书行为

13. 下列哪些选项不是附生效条件法律行为（   ）

    A. 国有资产转让合同约定"本合同自一个月内获得主管机关批准时生效"

    B. 甲公司与乙公司签订的买卖合同书约定"本合同自双方签章时生效"

    C. 内蒙古居民甲、乙在本地签订合同约定"本合同自今年下第一场雪时生效"

    D. 买卖合同约定"尾款支付条件为买受人使用标的物满一个月未发现瑕疵"

14. 高中生小东与小西约定，如果本次数学月考小东的成绩及格，则小西欠小东的100元债务免除。此后，小东想起寒假游玩计划资金不足，后悔与小西达成那项约定，遂于数学月考过程中故意少答了一道题，导致不及格。下列选项错误的是（   ）

    A. 双方达成了附解除条件法律行为

    B. 双方约定的条件违背公序良俗，所以无效

    C. 因为条件不成就，所以债务免除约定不发生效力

    D. 因为小东故意阻止条件成就，所以应拟制条件成就，债务免除

15. 甲、乙订立合同约定，甲将一艘小型游艇卖给乙，立即交付，若半年内甲未能移民成功，则买卖合同自动失效。半年后，甲已经确定移民失败。下列选项正确的是（   ）

    A. 双方达成了附解除条件法律行为

B. 关于游艇，甲对乙享有不当得利返还请求权
C. 合同订立后的半年内，乙是游艇的所有权人
D. 甲确定移民失败，导致乙的游艇所有权溯及消灭

三、辨析题

1. 法律行为部分内容无效的，其他内容仍然有效。

2. 受欺诈而订立的遗嘱无效。

3. 违反法律、行政法规强制性规定的法律行为一律无效。

4. 处分行为在伦理上为中性行为，所以不因违背公序良俗而无效。

5. 在法律行为无效情形中，不发生物权请求权。

6. 须经批准而尚未批准的法律行为效力待定。

7. 效力待定的法律行为，追认权人只能向相对人表示追认。

8. 效力待定的法律行为，在获得追认之前，相对人有权撤销。

9. 行使形成权的法律行为一律不得附条件或者附期限。

10. 法律行为所附条件如果取决于一方当事人的自由意志,则不构成真正的条件。

四、简答题

1. 简述无效法律行为转换的概念与适用前提。

2. 简述效力待定法律行为相对人撤销权的要件。

3. 简述法律行为显失公平的构成要件。

4. 简述可撤销法律行为的撤销权消灭事由。

5. 简述附条件法律行为之条件的构成要件。

6. 简述条件成就的法律效果。

五、论述题

1. 试述法律行为违背公序良俗。

2. 试述法律行为无效的后果。

六、案例分析题

案例一：

甲公司系国有企业，持有乙公司 25%股权。2023 年 2 月 20 日，甲公司与丙公司达成《股权转让合同》，约定甲公司将上述股权以 5000 万元价格转让给丙公司，丙公司自合同成立之日起 15 日内须向甲公司支付 500 万元预付款，如果合同获批，则预付款转为价款，如果合同最终未获主管机关批准，则甲公司须向丙公司返还预付款并按照 6%年利率支付资金占用费。次日，丙公司向甲公司转账 500 万元。依国有资产管理相关法律法规，企业国有资产转让须由转让方申报当地国有资产管理机关批准。甲公司虽向国有资产管理机关报批，但材料准备不够充分且未及时补足，故合同订立 8 个月后，管理机关作出不予批准决定。此外，在缔约过程中，关于乙公司的经营状况，甲公司担任谈判助理的员工小李故意向丙公司作了虚假陈述，甲公司负责人对此并不知情，丙公司于合同订立3个月后知道了这个情况。

请回答如下问题：

1. 《股权转让合同》在订立后的8个月内，效力如何？为什么？

2. 《股权转让合同》在订立8个月后，效力如何？为什么？

3. 双方关于预付款的约定效力如何？为什么？

4. 《股权转让合同》最终未获批准，丙公司对甲公司有何请求权？为什么？

5. 如果丙公司在知道小李曾作虚假陈述后，依然督促甲公司尽快办理报批手续，则《股权转让合同》效力如何？为什么？

案例二：

某食品公司积压了一批盒装酸奶，已过保质期，老板觉得扔掉可惜，遂令员工将包装盒上的生产日期予以巧妙处理，显得产品没过保质期。随后，食品公司将这批酸奶出售给某超市。超市老板在缔约时察觉到酸奶包装盒上的生产日期有蹊跷，但未加声张，而是趁机运用商务谈判技巧压低价格，食品公司老板因心中有鬼，只好同意以较低价格出售酸奶。合同履行之后，超市老板以为捡到大便宜，能够迅速卖掉这批酸奶狠赚一笔。可惜事与愿违，酸奶销售不畅，超市老板找到食品公司老板，指出这批酸奶的生产日期造假。食品公司老板惊慌之下，遂向超市老板支付一笔赔偿金，同时约定再给超市老板3万元钱，超市老板保证今后不向任何单位和个人泄露此事。两个星期后，因消费者举报，当地市监局到超市执法，收缴了超市库存的这批酸奶，并对其予以行政处罚，超市老板向市监局检举了食品公司。

请回答如下问题：

1. 食品公司与超市的酸奶买卖合同是否无效？为什么？

2. 超市是否有权撤销酸奶买卖合同？为什么？

3. 超市老板检举食品公司之后，食品公司可否请求其承担违约责任？为什么？

4. 酸奶被市监局收缴后，食品公司是否有权请求超市返还酸奶或者折价补偿？为什么？

5. 此项交易最终失败，对于各方当事人由此遭受的损失，应由谁承担责任？为什么？

单元练习十二：法律行为的归属

一、单项选择题

1. 下列哪种情形不发生行为归属之效果（　　）
   A. 缔约辅助人实施的欺诈行为
   B. 占有辅助人对占有物的管领行为
   C. 受领使者对意思表示的接收行为
   D. 无权代理人与恶意相对人实施的法律行为

2. 下列选项可以适用代理的是（　　）
   A. 事实行为　　　　　　　B. 协议离婚
   C. 行使合同解除权　　　　D. 订立成年人意定监护协议

3. 小梅帮小兰到校园超市买了 3 盒牛奶，付款后离开，当时并未声明是代他人购买。下列选项正确的是（　　）
   A. 该买卖合同对小兰发生效力
   B. 该买卖合同对小梅发生效力
   C. 因不符合显名原则，故小梅的行为不构成代理
   D. 本案不发生行为归属之效果

4. 小宝 9 岁，家里装修，爸爸派他到楼下一家建材店，跟熟人老板说："我爸说从你这里再买一个和昨天那个一样的水龙头。"老板给他一个水龙头后，小宝拿回家。下列选项正确的是（　　）
   A. 该买卖合同对小宝发生效力
   B. 由于小宝是未成年人，不能成为代理人，所以本案不构成代理
   C. 小宝的行为符合显名原则，所以构成代理
   D. 小宝是爸爸的传达人

5. 下列哪个选项是意定代理（　　）

   A. 监护人对被监护人的代理

   B. 配偶一方行使家事代理权

   C. 旅游景区售票员出售门票

   D. 执行事务合伙人以合伙企业名义对外签订合同

6. 下列关于无权代理的选项错误的是（　　）

   A. 无权代理符合代理的一般特征

   B. 无权代理不产生权利义务关系

   C. 表见代理也是无权代理

   D. 超越代理权范围实施的代理行为也是无权代理

7. 甲授权乙作为代理人与丙订立合同。在磋商过程中，丙欺骗了乙，甲无意中知道了这个情节，但因忙碌忘了提醒乙。数日后，乙与丙订立合同。下列选项正确的是（　　）

   A. 甲为合同当事人，既已知真相，就不能说系受丙欺诈而订立合同，故无撤销权

   B. 甲知道乙受骗而未加提醒，自己有过失，所以不得撤销合同

   C. 甲、丙的合同系因丙欺诈而订立，甲享有撤销权

   D. 乙受丙欺诈而订立合同，所以乙享有撤销权

8. 甲公司授权乙、丙作为代理人与丁公司磋商订立股权转让合同。在磋商过程中，乙、丙皆以代理人身份露面，出示了授权书。数日后，乙单独代理甲公司与丁公司签订了股权转让合同。下列选项错误的是（　　）

   A. 乙、丙皆可单独代理甲公司签订合同，所以乙与丁公司签订的合同对甲公司发生效力

   B. 如果丙事先同意乙单独代理甲公司，则股权转让合同对甲公司发生效力

   C. 如果丙事后对乙的代理行为予以追认，则股权转让合同对甲公司发生效力

   D. 如果甲公司事后对乙的代理行为予以追认，则股权转让合同对

甲公司发生效力

9. 甲公司为某工程设立项目部，任命员工赵某为项目部经理，负责工程管理及必要的物资筹备、调动事宜。在工程建设过程中，赵某以甲公司项目部名义与乙公司订立了脚手架租赁合同。下列选项正确的是（　　）

   A. 通过任命，甲公司与赵某达成了委托合同
   B. 通过任命，甲公司与赵某实施了代理权授予行为
   C. 甲公司实施了外部授权行为
   D. 因赵某以项目部名义而非以甲公司名义与乙公司订立合同，该合同不能归属于甲公司

10. 关于代理权授予行为，下列选项正确的是（　　）

    A. 代理权授予行为必须采用书面形式
    B. 代理权授予行为只能发生于被代理人与代理人之间
    C. 甲把订立某项合同的代理权授予乙后，甲自己与丙订立此项合同，合同亦可发生效力
    D. 代理权授予行为与委托合同是部分与整体的关系

11. 甲、乙共同向丙租了一套房屋，签约当天，甲因故不能到场，遂授权乙代理签约。乙在租赁合同上同时签了自己的名字和甲的名字。下列选项正确的是（　　）

    A. 乙的签约行为构成双方代理，所以对甲不发生效力
    B. 乙的签约行为构成自己代理，所以对甲不发生效力
    C. 乙的签约行为虽构成自己代理，但事先经过甲的同意，所以对甲发生效力
    D. 乙的签约行为不构成自己代理，也不构成双方代理

12. 甲欠乙3万元钱，已届履行期，双方为近亲属关系。此后，甲因精神障碍丧失民事行为能力，乙担任甲的监护人。乙在整理甲的财产时发现甲有一笔10万元现金，遂从中取走3万元偿还自己的债权。下列选项正确的是（　　）

    A. 乙取走3万元还债的行为构成自己代理，所以对甲不发生

效力

B. 乙取走3万元还债的行为构成双方代理，所以对甲不发生效力

C. 乙取走3万元还债的行为对甲发生效力

D. 乙取走3万元还债的行为是否对甲发生效力，取决于居委会或者村委会事后是否同意

13. 甲公司授权乙为代理人，对外采购原材料。乙在代理甲公司与丙公司订立原材料买卖合同时，收受丙公司的贵重礼物，约定了比正常价格更高的价格。下列选项正确的是（　　）

A. 乙、丙恶意串通，违背公序良俗，所以合同无效

B. 乙滥用代理权，所以合同效力待定

C. 乙签订的合同不符合甲的真意，所以甲享有撤销权

D. 乙的签约行为属于有权代理，所以对甲发生效力，但乙对甲负担损害赔偿责任

14. 甲公司授权乙为代理人，对外采购原材料。乙在履职过程中因遭遇感情纠葛，精神错乱，部分丧失民事行为能力。下列选项错误的是（　　）

A. 限制行为能力人可以成为代理人，所以乙的代理权不消灭

B. 乙的代理权因其部分丧失行为能力而消灭

C. 如果乙在此状态下与丙公司订立原材料买卖合同，则合同不能归属于甲公司

D. 如果在签约过程中，丙公司向甲公司反馈了乙的状态，甲公司表示没问题，则原材料买卖合同归属于甲公司

15. 乙冒用甲的名义与丙共同出资设立丁公司。丙自始至终都知道乙的真实身份，公司设立后，甲虽被登记为股东，但甲对此毫不知情。下列选项正确的是（　　）

A. 乙的行为构成无权代理，如果甲表示追认，则甲成为股东

B. 甲被登记为股东，此为错误登记

C. 乙、丙构成恶意串通，所以公司设立行为无效

D. 如果乙欠缴部分出资，则应当由甲承担股东责任

16. 乙未经有效授权以甲的名义与丙订立合同，符合表见代理的构成要件。下列选项错误的是（　　）

    A. 丙可以请求甲履行合同义务

    B. 丙可以选择不主张表见代理，而请求乙承担损害赔偿责任

    C. 丙可以主张合同在乙、丙之间成立并生效

    D. 如果丙主张表见代理，则甲可能对乙享有损害赔偿请求权

17. 甲公司章程规定董事长为法定代表人，乙被股东会通过决议选任为董事长，并被工商登记为甲公司法定代表人。此后，上述决议被法院判定无效，但乙之前已经代表甲公司与丙公司订立一项合同，丙公司对真相一无所知。下列选项错误的是（　　）

    A. 丙公司可以请求甲公司履行合同义务

    B. 乙的签约行为构成无权代理

    C. 乙的签约行为构成表见代表

    D. 股东会决议被判定无效，导致乙丧失代表权

二、多项选择题

1. 下列哪些行为依其性质不得代理（　　）

    A. 遗嘱　　　　　　　　B. 收养

    C. 成年人意定监护协议　　D. 订立赔偿协议

2. 甲授予乙代理权，出售一批旧家具。乙将这批旧家具卖给丙，买卖合同上签了乙的名字，但丙当时知道甲、乙之间的授权关系。下列选项正确的是（　　）

    A. 乙在合同上没有显示甲的名字，不符合显名原则，所以其行为不构成代理

    B. 乙的行为构成隐名代理

    C. 买卖合同归属于甲

    D. 乙的行为构成直接代理

3. 在上例中，甲并未授予乙出售这批旧家具的代理权，乙将这批旧

家具卖给丙，买卖合同上签了乙的名字。乙在出售时使用了"我这批家具"之表述，并完成了交付，丙不知道旧家具归甲所有。下列选项正确的是（　　）

　A. 买卖合同构成无权代理

　B. 买卖合同有效

　C. 旧家具所有权处分行为构成无权代理

　D. 乙实施了一项无权处分

4. 在第3题的例子中，丙被丁授予代理权，来乙处收购这批旧家具，丁知道旧家具归甲所有，买卖合同上签了乙、丁的名字。下列选项正确的是（　　）

　A. 买卖合同在乙、丁之间发生效力

　B. 如果甲对买卖合同予以追认，则买卖合同对甲发生效力

　C. 依知情归属规则，应以代理人是否善意为准，因丙为善意，故丁善意取得家具所有权

　D. 因丁非善意，故其不能善意取得家具所有权

5. 甲授予乙代理权，去向丙购买一批货物。乙这段时间为情所困，无心他顾，遂转托丁与丙磋商缔约。丁以甲的名义与丙订立买卖合同，后来，甲认为合同约定的价格偏高，查问之下，方知合同并非由乙代理签订。依据我国民法，下列选项错误的是（　　）

　A. 丁的签约行为不构成对甲的代理，仅构成对乙的代理

　B. 丁取得对乙的代理权

　C. 丁取得对甲的代理权

　D. 丁的签约行为构成无权代理

6. 甲与乙闲聊时曾经透露将来可能要授权乙向丙购买电脑配件。数日后，甲向丙发送微信，表示授予乙代理权，向丙购买一批电脑配件。次日，乙路过丙的商店，看到丙新进了许多电脑配件，感觉不错，遂以甲的名义订购了一批，让丙直接送到甲处。下列选项错误的是（　　）

　A. 因乙不知道甲昨日向丙发送那条微信，所以乙未取得代理权

B. 甲通过发送微信实施了代理权授予行为

C. 因微信不符合书面形式要求，所以本案不存在有效的代理权授予行为

D. 因甲、乙之间根本不存在委托合同关系，所以乙未取得代理权

7. 在上例中，甲向丙发送微信后，发现自己电脑配件库存充足，遂告诉乙不用再去向丙购买电脑配件了。尽管如此，乙于次日路过丙的商店时，觉得这批电脑配件实在物美价廉，机不可失，遂以甲的名义订购了一批，丙很快送货给甲。下列选项错误的是（　　）

A. 乙自始至终都未取得代理权

B. 乙的代理权已被甲撤回

C. 乙与丙签订买卖合同，属于有权代理

D. 乙与丙签订买卖合同，构成表见代理

8. 下列关于代理权的选项正确的是（　　）

A. 代理权是一种资格

B. 代理权可被代理人放弃

C. 被代理人死亡导致意定代理权消灭，所以此后实施的代理行为皆为无权代理

D. 代理权授予行为可以附条件

9. 甲公司的市场部员工小崔无权代理，与乙公司订立买卖合同。在缔约过程中，小崔以欺诈的方式使乙公司负责人以为其享有代理权，对此，乙公司负责人亦有疏忽大意之处。小崔将乙公司交付的货物放在甲公司的临时储物间中。下列选项正确的是（　　）

A. 小崔的行为构成表见代理

B. 因乙公司亦有过错，所以乙公司对小崔没有损害赔偿请求权

C. 关于货物，乙公司对甲公司享有所有物返还请求权

D. 小崔的行为对乙公司构成侵权，甲公司作为用人单位，应向乙公司承担侵权责任

10. 在上例中，乙公司负责人没有疏忽之处，已经尽到必要注意。乙

公司交货后，尚未收到价款。下列选项正确的是（ ）

A. 乙公司对甲公司享有价款支付请求权

B. 甲公司成为货物所有权人

C. 甲公司若有损失，则有权请求小崔赔偿

D. 乙公司在取得价款后，仍可向小崔主张损害赔偿责任

11. 乙公司向甲银行借款1亿元，其持股45%的子公司丙公司与甲银行订立连带责任保证合同，为该笔借款债务提供担保。缔约时，丙公司法定代表人关某向甲银行负责人出示了董事会同意此项担保的决议。下列选项正确的是（ ）

A. 关某以丙公司名义与甲银行订立保证合同，属于有权代表

B. 因欠缺丙公司股东会决议，故关某的签约行为构成无权代表

C. 保证合同对丙公司不发生效力

D. 甲银行的信赖应受法律保护，所以有权请求丙公司承担保证责任

12. 乙公司向甲公司借款2000万元，以自有的一处不动产抵押担保该借款债务。为方便办理登记，甲公司借用丙信托公司的名义与乙公司订立借款合同与抵押合同，并将不动产抵押权登记于丙公司名下。2000万元系甲公司的自有资金。下列选项正确的是（ ）

A. 甲公司实施了借名行为

B. 借款合同与抵押合同归属于甲公司，对其发生效力

C. 甲公司是不动产抵押权人

D. 因各方当事人恶意串通，所以借款合同与抵押合同皆为无效

三、辨析题

1. 在无权代理情形中，被代理人无须承担义务或者责任。

2. 我国《民法典》未专门规定容忍代理，这构成法律漏洞，需要进行漏洞填补。

3. 代理人实施的法律行为只要符合表见代理的构成要件，即可发生效力。

4. 在狭义无权代理情形中，代理人一律要向善意相对人承担债务履行责任。

5. 无权代理人对恶意相对人无须承担损害赔偿责任。

6. 在自己代理或者双方代理情形中，法律行为无效。

7. 代理权授予行为必定存在原因行为。

8. 任何一个共同代理权人皆可单独受领意思表示。

9. 代理人只能是自然人。

10. 以外部授权方式取得的代理权，可以以内部撤回的方式归于消灭。

四、简答题

1. 简述代理关系的三角结构。

2. 简述代理的构成要件。

3. 简述代理行为意思瑕疵的处理规则。

4. 简述自己代理与双方代理禁止之例外情形。

5. 简述无权代理人的债务履行责任的构成要件。

6. 简述无权代理人与被代理人的法律关系。

7. 简述"使用他人名义实施法律行为"的概念与类型。

五、论述题

试述代理权行使的限制。

六、法条解释（评注）题

《民法典》第 172 条："行为人没有代理权、超越代理权或者代理权终止后，仍然实施代理行为，相对人有理由相信行为人有代理权的，代理行为有效。"

七、案例分析题

案例一：

甲公司的职工沈某曾经代理甲公司采购货物，后来离职，但沈某在交接工作时隐匿了一张盖着甲公司公章且页眉印有甲公司名称、地址等信息的空白纸张。此后，沈某在该纸张上填写授权语句，内容为"甲公司授权沈某采购医疗器械"。某日,沈某持该授权书与乙公司订立一份医疗器械买卖合同,乙公司不知道该授权书系伪造。乙公司将医疗器械交付给沈某后,未收到价款,遂找到甲公司并请求其付款。甲公司查明情况后,从沈某处追回部分医疗器械,经检测,发现这批医疗器械的性能与订立合同前乙公司对沈某所作的介绍反差较大,乙公司当时刻意夸大了产品的性能。

请回答如下问题:

1. 沈某在订立医疗器械买卖合同时是否享有对甲公司的代理权?为什么?

2. 沈某与乙公司订立的医疗器械买卖合同可否归属于甲公司?为什么?

3. 甲公司是否有权撤销医疗器械买卖合同?为什么?

4. 甲公司对沈某享有什么请求权?为什么?

案例二:

郑某曾经担任甲公司总经理,离职后到乙公司担任董事长及法定代表人。甲公司的法定代表人柳某与郑某曾为同事,私交不错,且考虑到郑某与甲公司渊源颇深,对行业比较熟悉,遂委托并授权郑某为甲公司采购一批生产设备。郑某发现其中有一部分设备恰好是乙公司经销的商品,遂一方面代表乙公司,另一方面代理甲公司,订立一项设备买卖合同。设备交付甲公司后,甲公司技术人员在使用过程中觉得品质差强人意，向柳某汇报，柳某核查后才发现设备居然来源于郑某担任董事长的乙公司。

请回答如下问题：

1. 郑某订立设备买卖合同的行为方式在民法上如何定性？

2. 假设郑某事先就此事征求了柳某的意见，柳某表示同意从郑某代表的乙公司购买设备，则买卖合同效力如何？为什么？

3. 在问题 2 的前提下，甲公司是否有权撤销买卖合同？为什么？

4. 假设郑某事先未征求柳某意见，而乙公司股东会事先作出决议同意与郑某代理的甲公司订立买卖合同，则甲公司发现真相后可以对乙公司行使何种权利？为什么？

5. 在问题 4 的前提下，如果买卖合同最终未能生效，则乙公司对甲公司享有何种权利？为什么？

单元练习十三：权利救济

一、单项选择题

1. 下列哪个选项不是基于绝对权的请求权（   ）
    A. 物权请求权　　　　　　　B. 人格权请求权
    C. 知识产权请求权　　　　　D. 损害赔偿请求权
2. 下列哪种请求权与其他请求权存在本质不同（   ）
    A. 恢复原状请求权　　　　　B. 所有物返还请求权
    C. 排除妨害请求权　　　　　D. 消除危险请求权
3. 下列哪个选项不是基于绝对权的请求权与侵权损害赔偿请求权的区别（   ）
    A. 前者不以过错为要件，后者通常以过错为要件
    B. 前者可适用于即将发生的加害行为，后者仅适用于已经发生的加害行为
    C. 前者的原权利移转，导致请求权随同移转，后者则否
    D. 前者具有权利救济功能，后者则否
4. 下列哪个选项不是债务不履行责任（   ）
    A. 违约责任
    B. 侵权责任
    C. 违反不当得利返还债务的责任
    D. 违反无因管理债务的责任
5. 下列关于损害赔偿请求权的说法错误的是（   ）
    A. 损害赔偿请求权的归责原则包括过错原则与无过错原则
    B. 有时，损害赔偿请求权具有惩罚功能

C. 相对人对无权代理人的损害赔偿请求权是债务不履行损害赔偿请求权

D. 人格权受侵害也能发生财产损害赔偿请求权

6. 甲骑车不慎将乙停在路边的汽车油漆刮坏，下列哪个选项是正确的（　　）

    A. 乙对甲享有排除妨害请求权

    B. 乙对甲享有消除危险请求权

    C. 乙对甲享有精神损害赔偿请求权，因为车掉漆后变丑了

    D. 乙有权请求甲对汽车进行喷漆，恢复如初

7. 在上例中，乙对甲主张请求权，甲拒绝，欲扬长而去，乙将甲的自行车扣下。下列哪个选项是正确的（　　）

    A. 乙对甲实施了侵权行为

    B. 乙对甲实施了正当防卫

    C. 乙对甲实施了自助行为

    D. 若甲将自行车从乙手中抢回，则甲实施了正当防卫

8. 甲故意纵狗咬乙，乙在躲闪过程中抄起一根甲的钓鱼竿将狗打伤。下列哪个选项是正确的（　　）

    A. 乙打伤狗，构成对甲的侵权

    B. 乙打伤狗，构成正当防卫

    C. 乙对甲实施了自助行为

    D. 乙打伤狗，构成紧急避险

9. 在上例中，乙打狗的行为导致钓鱼竿断裂。下列哪个选项是正确的（　　）

    A. 乙须对甲承担侵权责任

    B. 关于钓鱼竿断裂，乙的行为构成正当防卫

    C. 关于钓鱼竿断裂，乙的行为构成紧急避险

    D. 关于钓鱼竿断裂，乙的行为构成防卫过当

10. 甲骑自行车不慎撞了乙一下，乙身体失去平衡后撞倒了一个小朋友，导致小朋友受伤。下列哪个选项是错误的（　　）

A. 乙构成紧急避险，所以无须对小朋友承担侵权责任

B. 甲须对小朋友承担侵权责任

C. 甲对乙实施了侵权行为

D. 乙没有实施侵权行为

二、多项选择题

1. 下列哪些选项是基于绝对权的请求权（　　）

   A. 排除妨害请求权　　　　B. 消除危险请求权

   C. 占有保护请求权　　　　D. 损害赔偿请求权

2. 下列哪些选项是债务不履行责任（　　）

   A. 违约责任

   B. 所有人—占有人关系中的损害赔偿责任

   C. 侵权损害赔偿债务的迟延履行责任

   D. 缔约过失责任

3. 甲走在路上，被精神病人乙袭击，在格挡过程中，甲把乙弄伤。下列选项错误的是（　　）

   A. 甲须对乙承担侵权责任

   B. 甲当时只能躲避，不准动手

   C. 甲对乙实施了正当防卫

   D. 甲对乙实施了紧急避险

4. 甲走在路上，被精神病人乙袭击。为了躲避，甲往路边跳跃，即将撞到小摊贩丙的货架。电光石火之际，丙出拳将甲击倒，从而保住了货架，甲受伤不轻。下列选项错误的是（　　）

   A. 甲的行为构成紧急避险

   B. 丙的行为构成正当防卫

   C. 丙的行为构成防卫过当

   D. 丙的行为构成避险过当

5. 甲欠乙10万元钱，诉讼时效期间已经届满，但乙不知道有诉讼时效这回事。某日，甲从银行取钱出来，被乙撞见，乙趁机将甲连

人带包扣住，欲迫使甲还钱。下列选项错误的是（　　）
A. 乙对甲实施了正当防卫
B. 乙对甲实施了自助行为
C. 乙的行为构成侵权
D. 若乙对于自己的错误认识没有过失，则乙无须承担侵权责任

三、辨析题

1. 自助行为可以用于保护所有权免受侵害。

2. 行为人不得为保障他人的请求权的实现而实施自助行为。

3. 对于无过错的不法侵害行为，不得进行正当防卫。

4. 人身权受侵害，不能发生财产损害赔偿责任。

5. 人格权请求权的发生不以行为人具有过错为要件。

四、简答题

1. 简述基于绝对权的请求权之类型。

2. 简述民法上的正当防卫之概念与构成要件。

3. 简述民法上的紧急避险之概念与构成要件。

4. 简述紧急避险的法律效果。

5. 简述自助行为的构成要件。

五、论述题

试述救济性请求权的体系。

六、案例分析题

乙挑逗甲饲养的狗,导致狗向其扑咬。为了躲避,乙向侧后方跳跃。侧后方的行人丙拎着一袋鸡蛋,为了避免鸡蛋被撞碎,丙用力踹了乙一脚。因丙经常踢足球,所以这一脚力道甚猛,把乙踹飞,落地时压倒了走在上学路上的小朋友丁。乙与丁皆因此受伤,花去治疗费若干。

请回答如下问题:

1. 乙向侧后方跳跃的行为在民法上如何定性?为什么?

2. 丙踹乙的行为是否构成正当防卫?为什么?

3. 对于乙受到的伤害,丙应否承担赔偿责任?为什么?

4. 丁对丙有何请求权?为什么?

5. 丁对乙有何请求权?为什么?

单元练习十四：权利的时间维度

一、单项选择题

1. 下列关于诉讼时效的说法错误的是（ ）
   A. 稳定财产秩序是诉讼时效的功能
   B. 诉讼时效不适用于仲裁程序
   C. 诉讼时效规范具有强制性
   D. 诉讼时效的客体是请求权

2. 下列哪种请求权适用诉讼时效（ ）
   A. 排除妨碍请求权
   B. 赔礼道歉请求权
   C. 房屋所有权人的返还原物请求权
   D. 租赁物返还请求权

3. 下列哪个选项不是诉讼时效与除斥期间的区别（ ）
   A. 诉讼时效期间可以中断，除斥期间则否
   B. 诉讼时效期间届满不导致请求权消灭，除斥期间届满导致权利消灭
   C. 诉讼时效有利于节约司法成本，除斥期间则否
   D. 诉讼时效适用于请求权，除斥期间原则上适用于形成权

4. 小达在上大学期间曾向同学小亚借了1000元钱，约定6个月内归还。直到毕业3年后，小亚因创业失败，手头拮据，才想起这笔债权。下列说法正确的是（ ）
   A. 这笔债权已经消灭
   B. 为了节约司法成本，小亚不得向法院起诉小达

C. 如果小亚起诉，则其必然败诉

D. 如果小亚讨债时，小达同意履行，则事后小达无权主张诉讼时效届满之效果

5. 在上例中，小亚讨债时，小达痛快地还给他 1000 元钱。下列说法正确的是（   ）

    A. 小亚收了这笔钱，构成不当得利

    B. 如果小达还钱时不知道有诉讼时效这种制度，则其有权请求小亚退钱

    C. 如果小达还钱时误以为诉讼时效期间尚未届满，则其有权请求小亚退钱

    D. 小达还钱后，无论如何均无权请求小亚退钱

6. 在上例中，小亚讨债时，小达手持《民法典》小红本，指出这笔债权诉讼时效期间已经届满，他本来可以依法赖账，但顾及同窗之谊，决定放弃诉讼时效利益。下列说法正确的是（   ）

    A. 因诉讼时效具有强制性，故小达放弃时效利益的表示无效

    B. 自小达表示放弃时效利益时起，新的诉讼时效期间起算

    C. 小达放弃时效利益，导致诉讼时效中断

    D. 小达放弃时效利益后，小亚的债权不再受时间限制

7. 甲公司因买卖合同对乙公司享有 50 万元货款债权，乙公司的子公司丙公司与甲公司订立抵押合同，约定丙公司将车间里的一台生产设备抵押给甲公司，担保此项债权。债权诉讼时效期间届满后数月，丙公司与甲公司达成协议，约定：丙公司将该设备折价 80 万元，设备给甲公司，抵偿甲公司对乙公司的债权本息，甲公司支付给丙公司 10 万元。下列说法正确的是（   ）

    A. 甲公司的货款债权已因诉讼时效期间届满而消灭

    B. 甲公司的抵押权已因诉讼时效期间届满而消灭

    C. 如果甲公司请求丙公司履行折价抵偿协议，则丙公司无权主张诉讼时效抗辩

    D. 甲公司与丙公司的折价抵偿协议无效

8. 下列哪种请求权适用比普通诉讼时效期间更长的诉讼时效期间（   ）

   A. 人寿保险合同的保险金请求权

   B. 海上货物运输赔偿请求权

   C. 共同海损分摊请求权

   D. 借款返还请求权

9. 下列关于最长诉讼时效期间的说法错误的是（   ）

   A. 时效期间的起算采用客观标准

   B. 时效期间不能中止

   C. 时效期间不能中断

   D. 时效期间不能延长

10. 下列关于未成年人遭受性侵害的损害赔偿请求权诉讼时效期间起算的说法正确的是（   ）

    A. 普通时效期间自其遭受性侵害时起算

    B. 普通时效期间自其知道或者应当知道遭受性侵害时起算

    C. 普通时效期间自其年满十八周岁时起算

    D. 普通时效期间自其监护人知道或者应当知道其遭受性侵害时起算

11. 下列选项不是诉讼时效中断事由的是（   ）

    A. 义务人同意履行

    B. 因不可抗力导致暂时不能行使权利

    C. 债权人申报破产债权

    D. 受害人向公安机关报案请求保护其民事权利

12. 下列选项不是诉讼时效中止事由的是（   ）

    A. 时效期间最后六个月内，权利人暂时欠缺法定代理人

    B. 时效期间最后六个月内，义务人暂时欠缺法定代理人

    C. 时效期间最后六个月内，权利人被义务人控制

    D. 时效期间最后六个月内，权利人申请支付令

13. 下列关于诉讼时效中止的效力的选项错误的是（　　）

    A. 中止事由存续期间，诉讼时效停止进行

    B. 中止事由消除之日起，诉讼时效照常继续进行，直到原定期间届满

    C. 中止事由消除后的剩余期间内，时效可以再次中止

    D. 中止事由消除后的剩余期间内，时效可以中断

14. 下列关于诉讼时效期间延长的说法正确的是（　　）

    A. 最长诉讼时效期间可以延长

    B. 普通诉讼时效期间可以延长

    C. 短期诉讼时效期间可以延长

    D. 法院必要时可以依职权主动延长诉讼时效期间

15. 甲公司与乙公司于某闰年1月31日订立买卖合同，约定自本合同订立之日起1个月内，出卖人甲公司应当履行交货义务。依据我国民法，下列说法正确的是（　　）

    A. 交货义务履行期间于该年2月29日届满

    B. 交货义务履行期间于该年3月1日届满

    C. 交货义务履行期间于该年3月2日届满

    D. 交货义务履行期间起算点为该年1月31日

二、多项选择题

1. 下列哪些选项是诉讼时效的功能（　　）

    A. 稳定财产秩序

    B. 督促权利人及时行使权利

    C. 节约诉讼成本

    D. 惩罚怠于行使权利的人

2. 下列哪些约定是无效的（　　）

    A. 甲、乙订立借款合同时，约定诉讼时效期间为5年

    B. 甲、乙订立买卖合同时，约定买受人因不可抗力不能行使权利的，诉讼时效中断

C. 诉讼时效期间届满后,债务人与债权人约定新的还款日期

D. 甲、乙订立借款合同时,约定借款人将来不得主张诉讼时效抗辩

3. 下列哪些权利不适用诉讼时效（　　）

A. 抚养费请求权

B. 恢复名誉请求权

C. 公司对股东的返还出资请求权

D. 动产所有权人的返还原物请求权

4. 小泰对小欢享有 20 万元借款债权,履行期届满后的 3 年内,小泰一直没有行使债权。下列选项错误的是（　　）

A. 小泰的债权已因保护期间届满而消灭

B. 小欢对小泰享有永久抗辩权

C. 如果此后小欢同意归还 8 万元借款,则其今后不得再拒绝归还 8 万元和 12 万元借款

D. 如果小泰向法院起诉,则法院不得受理

5. 在上例中,小泰和小欢没有约定借款返还债务的履行期。下列选项错误的是（　　）

A. 小泰的债权诉讼时效期间从借款合同成立之日起算

B. 小泰的债权诉讼时效期间从小泰请求小欢还债时起算

C. 小泰的债权诉讼时效期间从小泰请求小欢还债的宽限期届满时起算

D. 小泰的债权诉讼时效期间永远都无法起算

6. 在题 4 的例子中,假设履行期届满 1 年后,因小欢躲避讨债,小泰遂向公安局报案,称小欢此举涉嫌诈骗罪。公安局于 1 个月后以本案属于民事纠纷为由,决定不立案,并于 3 日后将不立案决定书送达小泰。下列选项正确的是（　　）

A. 小泰的债权诉讼时效期间从报案时中断

B. 小泰的债权诉讼时效期间从公安局决定不立案时中断

C. 小泰的债权诉讼时效期间从公安局决定不立案时重新起算

D. 小泰的债权诉讼时效期间从不立案决定书送达时起算

7. 在上例中，不立案决定书送达小泰后，小泰非常失望，遂将该债权视为不良资产，以 6 折的价格转让给小伟，双方达成债权转让协议。3 日后，小泰发送短信通知小欢此事，顺便告知了小伟的手机号码。又 2 日后，小欢发送短信给小伟，称愿意归还 12 万元借款。下列选项正确的是（　　）

   A. 小泰的债权诉讼时效期间从债权转让协议达成时中断
   B. 小泰的债权诉讼时效期间从其短信到达小欢时中断
   C. 小泰的债权诉讼时效期间从其短信到达小欢时重新起算
   D. 20 万元借款债权诉讼时效期间从小欢的短信到达小伟时再度中断

8. 在上例中，小伟收到短信后，按兵不动。时光流逝，诉讼时效期间仅余 3 个月，小欢意外死亡，没有遗产管理人，继承人不明。直到 2 个月后，其继承人才得以确定。下列选项正确的是（　　）

   A. 小伟的债权诉讼时效期间从小欢死亡时中断
   B. 小伟的债权诉讼时效期间从小欢死亡时中止
   C. 小伟的债权诉讼时效期间从继承人确定时继续计算，还剩余 3 个月
   D. 小伟的债权诉讼时效期间从继承人确定时继续计算，还剩余 6 个月

9. 在题 7 的例子中，小伟收到短信 3 个月后，打电话要求小欢立即归还 20 万元借款，小欢听到后吓得赶紧挂掉电话。1 个月后，小欢发送短信给小伟，请求分 4 期归还借款。下列选项正确的是（　　）

   A. 小伟的债权诉讼时效期间从打电话给小欢时中断
   B. 因为小欢当时挂掉电话，所以诉讼时效期间不中断
   C. 小伟的债权诉讼时效期间从打电话给小欢时重新起算
   D. 小伟的债权诉讼时效期间从小欢请求分期归还借款时再度中断

10. 在题 6 的例子中，假设小泰于 2021 年 5 月 12 日收到不立案决定

书。此后小泰一直没有请求小欢还钱。2024 年 5 月 12 日（周日）20 点，小泰发送短信请求小欢还钱。本年 5 月 11 日因"五一"小长假而补班。下列选项正确的是（　　）

A. 小泰的债权诉讼时效期间已经届满，小欢可以拒绝还钱
B. 小泰的债权诉讼时效期间从短信到达小欢时中断
C. 小欢收到短信后，无权拒绝还钱
D. 小欢收到短信后，可以假装没看见，一直拖到次日，以便获得拒绝还钱的法律地位

三、辨析题

1. 我国《民法典》虽未专门规定取得时效，但诉讼时效制度可以弥补此项缺陷。

2. 因为诉讼时效规范具有强制性，所以义务人不得放弃诉讼时效利益，否则放弃行为无效。

3. 物权请求权不适用诉讼时效。

4. 法官在诉讼中一旦发现原告的债权诉讼时效期间已经届满，即应判决原告败诉。

5. 义务人在诉讼时效期间届满后同意履行部分债务的，应认定其放弃全部债务的诉讼时效抗辩。

6. 在我国民法中，主债权诉讼时效期间届满，导致担保物权不可实现。

7. 除最长诉讼时效外，其他诉讼时效期间的起算皆采用主观标准。

8. 约定同一债务分期履行的，诉讼时效期间分别自各期债务履行期限届满之日起算。

9. 在连带债务中，针对一个债务人的诉讼时效中断事由，对其他债务人也发生诉讼时效中断效力。

10. 诉讼时效中断后，诉讼时效期间立即重新起算。

四、简答题

1. 简述我国民法上不适用诉讼时效的请求权。

2. 简述我国民法上诉讼时效的中断事由。

3. 简述我国民法上诉讼时效的中止事由。

4. 简述除斥期间与诉讼时效的区别。

5. 在诉讼时效中断事由中，与提起诉讼或者申请仲裁具有同等效力的情形包括哪些？（写出5种情形即可）

五、论述题

试述诉讼时效期间届满后权利的效力。

六、案例分析题

案例一：

甲12周岁时，其监护人（法定代理人）为乙。在担任监护人期间，乙于2018年3月1日将甲所有的一件动产当作自己的财产卖掉，并将当日所得3万元价款据为己有。2021年3月15日，甲的监护人因故变更为丙。2021年3月1日，丙得知乙实施的上述行为。丙顾及与乙的良好私交，决定不追究此事。2024年6月16日，甲年满18周岁。当年乙处分动产1个月后，甲就已经知道此事。

请回答如下问题：

1. 甲对乙享有何种请求权？为什么？

2. 甲对乙的请求权诉讼时效期间自何时开始计算？为什么？

3. 甲年满 18 周岁后，可否自己行使对乙的请求权？为什么？

4. 甲年满 18 周岁后，可以自己对丙行使何种请求权？为什么？

案例二：

甲公司对乙公司享有 1000 万元债权。丙公司以一处不动产设立抵押权，担保该债权，已经登记。同时，乙公司的股东丁以一幅明代国画质押担保该债权，已经把国画交付甲公司。2021 年 2 月 20 日，该债务履行期届满。同年 3 月 20 日，乙公司对甲公司表示同意清偿其中 600 万元债务，但此后乙公司并未兑现诺言。直到 2024 年 3 月 21 日，甲公司才要求乙公司清偿债务，乙公司当时表示同意清偿 650 万元。

请回答如下问题：

1. 甲公司对乙公司的债权诉讼时效期间自何时开始计算？为什么？

2. 甲公司对乙公司的债权诉讼时效期间何时届满？为什么？

3. 乙公司表示同意清偿 650 万元债务,该表示产生何种效果?为什么?

4. 2024 年 3 月 21 日之后,甲公司是否有权实现对国画的质权?为什么?

5. 2024 年 3 月 21 日之后,甲公司是否有权实现对丙公司不动产的抵押权?为什么?

期末模拟卷（一）

一、单项选择题（每小题 1 分，共 10 分）

1. 甲公司与乙公司订立合同，约定甲公司将某写字楼第 8 层出租给乙公司，租期 8 年，期满前 6 个月，乙公司有权选择续租，一旦乙公司表示续租，租赁合同即延续 5 年。下列选项正确的是（　　）

   A. 乙公司的续租选择权是一种支配权

   B. 乙公司的续租选择权是一种请求权

   C. 乙公司的续租选择权是一种形成权

   D. 期满前 6 个月，乙公司一直未表示是否续租的，视为其选择续租

2. 下列选项错误的是（　　）

   A. 行政法规可以作为民事案件的裁判依据

   B. 地方性法规可以作为民事案件的裁判依据

   C. 地方性规章可以作为民事案件的裁判理由

   D. 司法政策可以作为民事案件的裁判依据

3. 小松与小樱是一对夫妻，小松因下落不明被宣告死亡，此后，小樱与小玮结婚。3 年后，小松重新出现，法院依其申请撤销了死亡宣告。此时，小樱已与小玮离婚。下列选项正确的是（　　）

   A. 小松与小樱的婚姻关系自行恢复

   B. 若小樱表示同意，则小松与小樱的婚姻关系恢复

   C. 若小樱与小玮在小松重新出现之前离婚，则小松与小樱的婚姻关系自行恢复

   D. 若小樱与小松都同意，则双方可以再次建立婚姻关系

4. 某寺庙经登记,获得法人资格。下列选项错误的是(   )

   A. 该寺庙仅在宗教活动领域才具有民事权利能力

   B. 在我国《民法典》上,该寺庙是捐助法人

   C. 在民法理论上,该寺庙是财团法人

   D. 该寺庙是非营利法人

5. 甲、乙共同出资设立合伙企业 A 商店,约定合伙份额比例为 2∶1,由甲担任合伙事务执行人。3 年后,A 商店积累了若干动产。下列选项正确的是(   )

   A. 这些动产由甲、乙按份共有

   B. 这些动产由甲、乙共同共有

   C. 这些动产归甲单独所有

   D. 这些动产归 A 商店所有

6. 甲公司拥有一栋办公楼。某日,甲公司与乙公司订立合同,约定甲公司将该楼沿街的一面墙壁出租给乙公司,用于乙公司设置广告牌,租期 10 年,每年租金 5 万元。下列选项正确的是(   )

   A. 甲公司对一面墙壁享有所有权,出租墙壁是其行使所有权的方式

   B. 乙公司依合同取得支配权,权利客体是甲公司的一面墙壁

   C. 乙公司依合同取得请求权,权利客体是甲公司的一面墙壁

   D. 甲公司与乙公司实施了一项负担行为

7. 在上例中,乙公司拖欠第 3 年租金,甲公司发函要求乙公司于 15 日内支付租金。下列选项正确的是(   )

   A. 甲公司的发函行为是一项法律行为

   B. 甲公司的发函行为是一项意思通知

   C. 甲公司的发函行为是一项意思表示

   D. 甲公司的发函行为是一项观念通知

8. 在题 6 与题 7 的例子中,乙公司收到函件后,未在 15 日内支付租金,甲公司法定代表人怒火中烧,雇人将乙公司的广告牌砸毁。下列选项错误的是(   )

A. 甲公司对乙公司实施了法人侵权行为
B. 广告牌被砸毁后,乙公司对甲公司享有侵权损害赔偿请求权
C. 广告牌被砸毁后,乙公司对甲公司享有排除妨害请求权
D. 若毁损不太严重,则乙公司有权请求甲公司修复广告牌

9. 在上例中,乙公司员工小王试图阻止工人砸毁广告牌,在工人抡锤砸向广告牌时,小王眼疾手快,抄起墙边属于该工人的一把铁锹,将工人手中的铁锤砸偏,结果锤柄与锹柄俱裂。下列选项错误的是( )
   A. 小王将锤柄砸坏的行为构成正当防卫
   B. 小王将锹柄砸坏的行为构成正当防卫
   C. 小王将锤柄砸坏的行为不发生侵权责任
   D. 小王将锹柄砸坏的行为不发生侵权责任

10. 在上例中,乙公司法定代表人感佩于员工小王忠心耿耿,遂授权小王代理乙公司与甲公司谈判。小王对甲公司谈判代表扬言要向法院起诉甲公司,追究其砸毁广告牌之违法行为,甲公司谈判代表害怕因此给甲公司惹麻烦,遂与小王订立《和解协议》,免除所拖欠租金的一半。协议上仅有小王的签名与甲公司的盖章。下列选项正确的是( )
    A. 该和解协议仅有小王的签名,不符合显名原则,故对乙公司不发生效力
    B. 该和解协议仅有甲公司的盖章,没有甲公司代理人的签名,故对甲公司不发生效力
    C. 该和解协议系甲公司受胁迫而订立的,故为可撤销法律行为
    D. 小王作为乙公司的意定代理人,实施了有权代理行为

二、多项选择题(每小题2分,共20分)

1. 小图9周岁,小朵7周岁,某日,小图表示将一个玩具赠送给小朵,已经交付。下列选项错误的是( )
   A. 玩具赠与合同相对于小图效力待定

B. 玩具赠与合同相对于小朵效力待定

C. 玩具赠与合同经小图的法定代理人追认后生效

D. 玩具赠与合同无效

2. 甲将一套房屋出租给乙，租期届满后，甲进屋与乙商讨房屋交接事宜时，发现卫生间移门玻璃破碎。经询问，系乙与朋友打闹所致。乙在甲处尚有 2000 元押金。依请求权基础思维，下列选项正确的是（   ）

A. 关于房屋，甲对乙享有合同请求权

B. 关于房屋，甲对乙享有所有物返还请求权

C. 关于房屋，甲对乙享有侵权损害赔偿请求权

D. 返还房屋时，若乙请求甲返还 2000 元押金，则甲可主张抗辩

3. 甲、乙、丙共同出资设立 A 基金（有限合伙），丙为有限合伙人，约定由甲担任合伙事务执行人。某日，A 基金与 B 公司订立合同，向 B 公司购买 10 台电脑，价款尚未支付，电脑已经全部交付。下列选项正确的是（   ）

A. 本案 A 基金与 B 公司实施了 1 个负担行为

B. 本案 A 基金与 B 公司实施了 10 个负担行为

C. 本案 A 基金与 B 公司实施了 2 个处分行为

D. 本案 A 基金与 B 公司实施了 10 个处分行为

4. 在上例中，A 基金一直拖欠 B 公司电脑价款及其他合同产生的债款，总额为 500 万元。由于多年经营不善，A 基金的财产仅余 200 万元。各合伙人均已缴纳全部出资。下列选项错误的是（   ）

A. 本案 B 公司有权请求甲、乙、丙连带清偿 500 万元债务

B. 本案 B 公司有权请求甲、乙、丙连带清偿 300 万元债务

C. 本案 B 公司有权请求甲、乙按份清偿 300 万元债务

D. 本案 B 公司有权请求甲、乙连带清偿 300 万元债务

5. 在上例中，甲在其所有的一套房屋上设立抵押权，担保 B 公司对 A 基金的 500 万元债权。此外，丁与 B 公司订立保证合同，对该债权提供连带责任保证。数月后，B 公司将该债权转让给 C 公司。

下列选项正确的是（ ）

A. 本案 B 公司取得房屋抵押权属于意定继受取得

B. 本案 B 公司取得保证权利属于意定继受取得

C. 本案 C 公司取得债权属于意定继受取得

D. 本案 C 公司通过法定继受取得的方式从 B 公司手中取得抵押权与保证权利

6. 小民请小法到饭店吃饭，点了四菜一汤，花费 250 元，小民埋单。饭罢，二人出现食物中毒症状，小法尤为严重。下列选项错误的是（ ）

A. 二人之间成立赠与合同

B. 小法对小民享有侵权损害赔偿请求权

C. 小法对小民享有违约损害赔偿请求权

D. 小民无权请求小法向其支付 125 元餐费

7. 甲公司欠乙公司 1000 万元钱。某日，甲公司的股东何某寄送给乙公司一份《担保函》，写明何某愿意为甲公司此项债务提供连带责任保证。收到函件后，乙公司未作回应。6 个月后，乙公司要求何某承担保证责任，清偿 1000 万元债务。下列选项正确的是（ ）

A. 何某以单方法律行为的方式提供担保

B. 乙公司于 6 个月后作出了同意接受保证的意思表示

C. 乙公司作出了一项沉默意思表示

D. 何某与乙公司以要约、承诺的方式订立了保证合同

8. 在上例中，事后证明，何某的秘书误将尚未签名的《担保函》混入何某任职公司的财务文件与对外业务宣传文件，何某未加细看，一并签名。此后，这些文件由公司办公室人员分类处理，其中《担保函》被寄送给乙公司。下列选项正确的是（ ）

A. 何某欠缺行为意思

B. 何某欠缺表示意识

C. 何某的保证意思表示不成立

D. 何某有权撤销基于《担保函》的法律行为

9. 在题 7 与题 8 的例子中,事后证明,何某的秘书系受乙公司代理人叶某指使,故意将尚未签名的《担保函》混入何某任职公司的财务文件与对外业务宣传文件,导致其误签。乙公司的法定代表人对此并不知情。下列选项错误的是（　　）

A. 因乙公司的法定代表人不知情,故何某与乙公司之间仍然成立担保关系

B. 何某虽签署《担保函》,但依意思表示解释,不成立保证意思表示

C. 因何某欠缺表示意识,故保证意思表示不成立

D. 因何某受叶某欺诈,且构成相对人欺诈,故其有权撤销基于《担保函》的法律行为

10. 在题 7 与题 8 的例子中,事后证明,何某在书写《担保函》的时候具有完全民事行为能力,但在签署秘书呈交的《担保函》之时,已变成限制民事行为能力人,不能准确辨别文件内容。下列选项错误的是（　　）

A. 基于《担保函》的法律行为效力待定

B. 何某的保证意思表示不成立,因其不具有可归责性

C. 基于《担保函》的法律行为可撤销

D. 基于《担保函》的法律行为既是效力待定,也是可撤销

三、辨析题（每小题 2 分,共 6 分）

1. 动机错误不导致法律行为可撤销。

2. 善意的欺诈不导致法律行为可撤销。

3. 果树上的苹果是果树的孳息。

四、简答题（每小题 5 分，共 25 分）

1. 简述无权代理人的债务履行责任的构成要件。

2. 简述我国民法上不适用诉讼时效的请求权。

3. 简述民法上抗辩的种类，并各举一例。

4. 简述准法律行为的概念与种类。

5. 简述胁迫的构成要件。

五、论述题（19 分）

试述代理权行使的限制。

六、案例分析题（每小题 5 分，共 20 分）

小北与小纯正在热恋中。某日，二人购票参加"情定威尼斯"沉浸式剧场节目，挑选了一对恋人角色，小北声称今日要给小纯一个惊喜。该节目有一段剧情是：小北扮演的角色 K 先生向小纯扮演的角色 Q 小姐半跪求婚。入场时，剧场向小北发放了一枚道具戒指，小纯仔细查看把玩。小北最近本来也打算找机会向小纯求婚，所以预先购买了一枚白金戒指，该戒指与道具戒指区别比较明显。小北入场后将这枚白金戒指放在左边衣兜里，而将道具戒指放在右边衣兜里。随着剧情发展，二人逐渐进入角色，不知不觉中到了求婚环节，小北半跪于地，掏出戒指给小纯戴上，并且说出了求婚台词。【本故事纯属虚构，切勿模仿，若假戏真做以致蒙受损失，作者概不负责！】

请回答如下问题：

1. 如果小北故意从左边衣兜掏出白金戒指给小纯戴上，小纯当时始终目视小北双眼，故以为是道具戒指，则关于戒指，双方之间的法律关系如何？为什么？

2. 如果小北故意从左边衣兜掏出白金戒指给小纯戴上，小纯注视戒指，看清是白金戒指而非道具戒指，又想起入场前小北所言"一个惊喜"，遂心中窃喜，迅速回顾近日二人感情进展，觉得并无不妥，故欣然受之，则关于戒指，双方之间的法律关系如何？为什么？

3. 如果小北临阵退缩，改了主意，打算老老实实演戏，但乱中出错，误从左边衣兜掏出白金戒指给小纯戴上，小纯以为是道具戒指，则关于戒指，双方之间的法律关系如何？为什么？

4. 如果小北临阵退缩，改了主意，打算老老实实演戏，但乱中出错，误从左边衣兜掏出白金戒指给小纯戴上，小纯注视戒指，看清是白金戒指而非道具戒指，又想起入场前小北所言"一个惊喜"，遂心中窃喜，迅速回顾近日二人感情进展，觉得并无不妥，故欣然受之，则关于戒指，双方之间的法律关系如何？为什么？

期末模拟卷（二）

一、单项选择题（每小题1分，共10分）

1. 甲公司与乙公司订立合同，约定甲公司将1000个手机显示屏出售给乙公司，总价款60万元，1个月后履行合同。1个月后，乙公司要求甲公司交货，甲公司以乙公司尚未付款为由拒绝交货。下列选项正确的是（　　）
   A. 甲公司向乙公司行使了一项形成权
   B. 甲公司向乙公司行使了一项权利消灭抗辩
   C. 甲公司向乙公司行使了一项权利阻碍抗辩
   D. 甲公司向乙公司行使了一项权利阻止抗辩

2. 下列哪个选项不是习惯法（　　）
   A. 甲公司与乙公司之间的交易习惯
   B. 行业交易习惯
   C. 地区交易习惯
   D. 民族交易习惯

3. 下列说法错误的是（　　）
   A. 合同条款可以成为请求权基础
   B. 作为请求权规范的法条是完全法条
   C. 抗辩规范是反对规范
   D. 在请求权基础思维中，不当得利请求权是类合同请求权的一种

4. 甲因海啸下落不明，此前其投了人身伤亡保险，受益人为其妻子乙。海啸发生之日，保险期间尚未届满，但死亡宣告判决作出之日，保险期间已经届满。下列说法错误的是（　　）

A. 乙有权向法院申请宣告甲死亡

B. 海啸发生次日,乙可以向保险公司行使保险金支付请求权

C. 保险公司对乙负有保险金支付义务

D. 若甲重新出现,则保险公司可以向法院申请撤销甲的死亡宣告

5. 小艺 7 周岁。某日,爸爸给她 3 元钱,让她到楼下杂货店买一瓶 500 毫升的农夫山泉牌矿泉水。小艺下楼迅速买回矿泉水。下列说法正确的是(　　)

A. 小艺是无民事行为能力人,所以本案矿泉水买卖合同无效

B. 因小艺事先得到法定代理人同意,所以本案矿泉水买卖合同有效

C. 小艺虽为无民事行为能力人,但可以成为意定代理人,所以矿泉水买卖合同有效

D. 小艺向杂货店老板传达了爸爸的意思表示,所以矿泉水买卖合同对爸爸发生效力

6. 甲、乙拟共同出资设立 A 公司,在设立过程中,甲以自己名义向丙租了一间房,用于开展筹备活动,租金尚欠 1 万元。数月后,A 公司成立。下列说法错误的是(　　)

A. 丙有权选择请求 A 公司支付 1 万元租金

B. 丙有权选择请求甲支付 1 万元租金

C. 丙有权选择请求乙支付 1 万元租金

D. 若甲提前为 A 公司购置生产设备,则须经乙授权,价款债务才能归属于 A 公司

7. 甲、乙订立《结婚协议》,约定自本协议订立之日起,双方缔结婚姻关系,若 3 年内甲未能赚够 1000 万元,则婚姻关系自动解除。3 年期满,甲总共赚了 900 万元。下列说法正确的是(　　)

A. 甲、乙的婚姻关系自《结婚协议》订立之日成立

B. 甲、乙的结婚行为自办理完毕结婚登记时生效

C. 甲、乙的婚姻关系因解除条件成就而自动解除

D. 甲、乙的结婚行为因附加了欠缺容许性的解除条件,故应认定

结婚无效

8. 某年6月，甲公司向乙公司寄送要约，规定的承诺期限为当年"6月5日之前"。乙公司通过快递寄送的承诺函于当年6月5日（非节假日）21点由甲公司门卫签收。下列说法正确的是（　　）

   A. 承诺函于当年6月5日20点到达甲公司

   B. 承诺期限截止时间应为当年6月5日24点

   C. 承诺函在承诺期限届满前到达了甲公司

   D. 因乙公司的承诺迟到，所以双方未因该承诺而成立合同

9. 乙挑逗甲的狗，狗被激怒后向其扑咬，乙在躲避过程中撞伤丙。下列说法正确的是（　　）

   A. 乙撞伤丙，构成侵权行为，须对丙承担侵权损害赔偿责任

   B. 乙撞伤丙之行为构成紧急避险

   C. 乙撞伤丙之行为构成自助行为

   D. 乙无须赔偿丙的损失

10. 甲对乙享有10万元债权，诉讼时效期间剩余1个月时，甲因故丧失民事行为能力，法定代理人一直未能确定。下列说法正确的是（　　）

    A. 因甲的法定代理人未能确定，故诉讼时效中断

    B. 自甲的法定代理人确定时起，诉讼时效期间继续进行1个月后届满

    C. 自甲的法定代理人确定时起，诉讼时效期间继续进行6个月后届满

    D. 自甲的法定代理人确定时起，诉讼时效期间重新起算，3年后届满

二、多项选择题（每小题2分，共20分）

1. 下列哪些请求权不适用诉讼时效（　　）

   A. 动产物权人的返还原物请求权

   B. 赔礼道歉请求权

C. 公司对股东的缴付出资请求权

D. 排除妨碍请求权

2. 甲打电话对丙说"我授权乙代理我跟你洽谈签订股权转让合同"。当时乙就在丙的身边，通话结束后，丙开始与乙洽谈股权转让事宜。下列选项正确的是（　　）

   A. 甲的电话内容包含了一项授予代理权的意思表示

   B. 甲的电话内容包含了一项授予代理权的观念通知

   C. 甲实施了外部授权行为

   D. 次日，甲可以向乙宣布撤回授权

3. 甲通过快递给朋友乙寄送了一箱水蜜桃，事先未告知乙，乙收到后，拿出来吃了两个。下列选项正确的是（　　）

   A. 乙签收快递的过程中向甲作出了意思表示

   B. 乙打开箱子的过程中作出了意思表示

   C. 乙吃水蜜桃的行为构成接受赠与的意思表示

   D. 乙作出了接受赠与的默示意思表示

4. 在上例中，乙吃了两个水蜜桃后，将其余8个水蜜桃放入冰箱。下列选项正确的是（　　）

   A. 甲、乙之间发生了1个负担行为

   B. 甲、乙之间发生了1个处分行为

   C. 甲、乙之间发生了10个处分行为

   D. 关于水蜜桃，乙取得了10个所有权

5. 在题3的例子中，乙在蜂巢柜旁边收到快递，打开箱子后，发现有1个水蜜桃局部腐烂，遂将其扔掉。下列选项正确的是（　　）

   A. 乙扔掉水蜜桃的过程中包含了3种意思表示

   B. 乙扔掉水蜜桃的过程中取得了物权

   C. 乙扔掉水蜜桃的过程中丧失了物权

   D. 乙扔掉水蜜桃的过程中丧失了占有

6. 甲、乙、丙出资设立合伙企业A商店，合伙份额比例为4∶3∶3，

数年后，丙将合伙份额转让给丁，双方订立了转让合同。下列选项正确的是（　　）

A. 丙、丁之间的合伙份额转让行为须经甲、乙的多数同意

B. 丙、丁之间的合伙份额转让行为须经甲、乙的一致同意

C. 甲、乙对丙的合伙份额享有优先购买权

D. 丁受让合伙份额后，须对 A 商店此前的债务承担无限连带责任

7. 在上例中，丙将合伙份额转让给丁，是因为其受乙的胁迫，但丁不知道该情节。下列选项错误的是（　　）

A. 丙、丁之间的合伙份额转让行为可撤销

B. 丙、丁之间的合伙份额转让行为不可撤销，因为丁并未胁迫丙

C. 丙、丁之间的合伙份额转让行为不可撤销，因为丁不知道乙胁迫丙

D. 丁对合伙份额转让行为享有撤销权

8. 甲授予乙代理权，出售一批货物。乙将这批货物卖给丙，买卖合同上签了乙的名字，但丙当时知道甲、乙之间的授权关系。下列选项错误的是（　　）

A. 乙在合同上没有显示甲的名字，不符合显名原则，所以其行为不构成代理

B. 乙的行为构成隐名代理

C. 甲是买卖合同中的出卖人

D. 乙的行为构成直接代理

9. 甲、乙、丙是大学同学，相约共同到某烧烤店撸串喝酒，采用AA制。下列选项错误的是（　　）

A. 三人之间成立一个合同

B. 三人之间成立一个情谊行为

C. 在本次聚餐活动中，三人相互不负担任何义务

D. 结账时，如果甲为乙、丙垫付了餐费，则甲对乙、丙享有追偿权

10. 小鹿无意中窥见领导与情妇的通奸行为，领导与小鹿约定，向小鹿支付5万元"封口费"，小鹿答应绝对保密。下列选项正确的是（　　）
    A. 双方的约定违反法律、行政法规的强制性规定，所以无效
    B. 如果领导拖欠其中的2万元钱，则小鹿无权请求其支付
    C. 依诚信原则，小鹿应信守诺言，不向任何单位或者个人泄密
    D. 双方的约定因违背公序良俗而无效

三、辨析题（每小题2分，共6分）

1. 社团法人就是社会团体法人。

2. 相对人以外的其他人欺诈表意人的，属于第三人欺诈。

3. 行使形成权的法律行为一律不得附条件或者附期限。

四、简答题（每小题5分，共25分）

1. 简述监护人损害赔偿责任的主要情形。

2. 简述我国民法上法律行为特别成立要件的主要情形。

3. 简述真意保留与戏谑表示的概念及区别。

4. 简述民事法律关系的要素及其概念。

5. 简述除斥期间与诉讼时效的区别。

五、法条解释（评注）题（19分）

《民法典》第151条："一方利用对方处于危困状态、缺乏判断能力等情形，致使民事法律行为成立时显失公平的，受损害方有权请求人民法院或者仲裁机构予以撤销。"

六、案例分析题（每小题4分，共20分）

甲曾为A公司的营销部门负责人。离职后，甲利用手中保留的盖有A公司公章的空白合同书，与A公司曾经的客户B公司订立一份货物买卖合同，B公司的营销代理人乙不知道甲已经离职。在缔约过程中，乙就货物原产地问题欺诈了甲，但B公司的法定代表人对此不知情。此后，B公司依此前惯例，将货物交付给甲，甲将四分之一货物出售给善意的丙，货款存入自己账户，剩余货物存放在自己临时租用的一间仓库里。此后，B公司要求A公司支付货款,遭到 A 公司拒绝。

请回答如下问题:

1. 甲订立的货物买卖合同可否归属于 A 公司?为什么?

2. 甲或者 A 公司是否有权撤销货物买卖合同?为什么?

3. B 公司是否有权请求甲返还全部货物?为什么?

4. 如果 A 公司不享有撤销权或者不行使撤销权,则其对甲享有何种请求权?为什么?

5. 如果 A 公司享有撤销权且行使了撤销权,则其对甲享有何种请求权?为什么?

附加作业：
请求权基础思维训练
（鉴定式案例报告）

请针对以下案例，运用请求权基础方法撰写一篇鉴定式案例报告。

基本案情：

王某为昆明市某区某小区彩票销售点的销售员，陈某与王某丈夫系同事关系。2021年6月中旬起，原告陈某通过微信多次委托被告王某购买彩票。双方交易习惯为，由原告向被告发送微信红包，被告收款后为原告购买彩票，再将彩票拍照发回给原告。2021年10月9日14:00，原告向被告发送微信红包，当天晚上20:54被告微信回复原告称："小陈，我今天忘记了。"原告于21:32微信回复："没事。"因被告未领取红包，该红包24小时后自动退回原告账户内。2021年10月10日下午14:15，原告向被告发送微信红包，当天晚上20:05，被告微信回复原告称："小陈，明天给你打了，今天我都没在，在外面办事，不好意思了。"原告微信回复："没事啦。"被告微信回复："真是太对不起了。"原告回复："太客气啦。"因被告未领取红包，该红包24小时后自动退回原告账户内。2021年10月11日19:42，被告在其经营的彩票销售点以6元的价格购买了第16120期体彩"超级大乐透"彩票一张，在该张彩票上标注"陈"字。当天晚上20:10，被告通过微信将该张彩票发送给原告，并称："小陈，给你打成大乐透了。"原告回复称："没事。"被告微信称：

"这两天事多,精神不好,老是出错,本来今天是该给你打双色球的,老是想成大乐透了。"2021年10月12日下午16:21,原告向被告发送微信红包,被告微信回复:"不是昨天打了吗,昨天的票要今天开呢。"原告回复:"今天也买点。"被告回复:"今天就是大乐透,昨天给你打的就是大乐透。"原告回复:"好的。"被告领取6元微信红包后又发还原告,原告于当日16:30领取了该微信红包。2021年10月12日晚20:30,体彩"超级大乐透"开奖,案涉彩票中奖,中奖金额为8218445元,该彩票已由被告王某委托其母李某于2021年11月21日至体彩中心兑现6574756元(税后)。另查明,体彩"超级大乐透"的开奖时间为每周一、周三、周六的20:30;福彩双色球的开奖时间为每周二、周四、周日。

参考答案

民法总论习题集

单元练习一：民法概念论

一、单项选择题

C B B D B；D C D B C

二、多项选择题

ABD；BC；ACD；BD；BC；ACD；AB；AD；BC；ACD

三、辨析题

1. 错。某些权利并非以实现权利主体自己的利益为目的，而是以实现他人利益为目的，如监护权、财产代管人的管理权。

2. 错。占有权只是所有权的效力内容，即权能，不是权利。

3. 错。抗辩包括须主张的抗辩与无须主张的抗辩，后者如关于法律行为无效的抗辩，法官发现存在无效事由的，可以依职权直接认定法律行为无效，无须当事人积极主张无效之抗辩。

4. 错。形成权可以分为积极形成权与消极形成权，后者行使的效果是使法律关系消灭或者使法律行为丧失效力。

5. 对。

四、简答题

1. （一）无须主张的抗辩，包括：（1）权利阻止抗辩；（2）权利消灭抗辩。（二）须主张的抗辩，即抗辩权，包括权利阻碍抗辩，如同时履行抗辩权、诉讼时效抗辩。

2. （一）从价值理念看，公法注重秩序与管制，私法则崇尚自由。对于私法关系,在合理的界限内应当交由私人自由决定,避免用公法思维和公法手段予以规制。(二)从实践角度看,公法关系与私法关系的辨别决定了案件管辖问题,即究竟应由负责行政审判的法庭管辖抑或由负责民事审判的法庭管辖。

3.(一)请求权是指请求特定人为或者不为一定行为的权利。(二)请求权包括债权请求权、物权请求权、人格权请求权、身份权请求权、知识产权请求权等。

4.(一)民法上的权利是指法律赋予民事主体的可以实现某种利益的意思力。(二)对此概念,可以从如下方面理解:首先,权利是法律赋予的;其次,权利是法律上的力量;最后,权利的目的是实现人的利益。

5.(一)民事法律关系的要素即民事法律关系的组成部分,具体包括权利、义务、不真正义务、责任。(二)各要素的概念:(1)权利是指法律赋予民事主体的可以实现某种利益的意思力;(2)义务是指为或者不为某种行为的法律上的必要性;(3)不真正义务是指对方当事人不可请求履行,义务人不履行的,无须承担损害赔偿责任,仅须承担对自己不利的法律后果,如减损义务;(4)责任是指担保意义上的责任,如抵押责任。

五、论述题

(一)民法上义务与责任既有联系,又有区别。义务是指为或者不为某种行为的法律上的必要性。民法上的责任主要有两种含义。(二)第一种意义上的责任是指债务履行的担保。债务发生之后,债务人的全部财产(不可扣押者除外)都可能成为债权人强制执行的标的,以此保障债权的实现。可以说"债务人以其财产为其债务负责",此即所谓债务的一般担保。之所以称之为一般担保,是因为债务人的任何债务都从其财产中得到担保。债务人的财产即责任财产。以全部财产作为责任财产的,该责任为无限责任;反之,仅以特别财产作为责任财产的,该责任为有限责任,如在限定继承原则下,继承人仅以遗产为限对被继承人的债务承担责任,再如,抵押人仅以抵押物为限对债务承担责任。(三)第二种意义上的责任是指当事人必须为其行为或者为其支配的危险源给他人造成的损害负责,即承担(广义的)损害赔偿义务。侵权责任、债务不履行责任、无权代理人的赔偿责任等皆属之。此种意义上的责任在本质上也是义务,即因违反第一性义务(合同债务、一般不作为义务)而发生的第二性义务(次义务)。

六、案例分析题

1. 依据约定,交书后,小光对小明享有一项债权,即借用物返还请求权。

2. 小光对该书不享有权利。理由:小明无权处分而小亮是善意的,对价合理,已经交付,构成善意取得,小亮取得书的所有权,小光同时丧失所有权。

3. (1)小光对小明享有违约损害赔偿请求权。因为小明违反了借用合同,将借用物转让给第三人,导致该书不能被返还给小光。(2)小光对小明享有侵权损害赔偿请求权,因为小明擅自处分小光所有的书,导致小光丧失所有权,构成对所有权的侵害。(3)小光对小明享有不当得利返还请求权,因为小明无权处分并从中获利,导致小光受到损失,且无合法原因,构成权益侵害型不当得利。上述三种请求权构成请求权竞合。

4. 小亮可以向小明行使撤销权,撤销法律行为,这是一种形成权。理由:小明卖书的时候,谎称该书是自己所有的,小亮因此作出购买该书的意思表示,构成欺诈,受欺诈的小亮享有撤销权。撤销后,小亮可向小明返还该书的占有。

单元练习二：民法体系论

一、单项选择题

D B C C B；C D B C D

二、多项选择题

BCD；ABC；ABD；BCD；ACD；BC；ABD；BC；ABC；ABD

三、辨析题

1. 错。现代民法上的平等包括形式平等与实质平等，优待作为弱者的消费者是为了实现实质平等，符合平等原则。

2. 错。这是法律特别规定在某种情形中一方当事人负担强制缔约义务，属于特别强制缔约义务，不是一般强制缔约义务。

3. 错。"买卖不破租赁"导致租赁合同对未参与缔约的第三人发生效力，这是对私法自治原则的突破，而非对该原则的体现。

4. 错。"仗义疏财、舍己为人"是道德上的圣人标准，民法上的诚信原则仅要求当事人不做损人利己和损人不利己的事情，并且在不过分增加自己负担的前提下给予对方当事人必要的关照。

5. 错。在第三人欺诈的情形中，必须兼顾表意人的私法自治与相对人的信赖保护，所以，仅当相对人知道或者应当知道第三人欺诈时，表意人才享有撤销权。

四、简答题

1. （一）信赖保护包括消极信赖保护与积极信赖保护。（二）

消极信赖保护体现在缔约过失责任以及无权代理人损害赔偿责任中。（三）积极信赖保护体现在表见代理、表见代表、善意取得、第三人欺诈情形中的善意相对人保护、通谋虚伪表示无效不得对抗善意保理人等规则中。

2.（一）以强制缔约义务的规范基础为准，强制缔约可以分为一般强制缔约与特别强制缔约。一般强制缔约是指在欠缺特别规定的情况下，从法律的一般规则中推导出的强制缔约义务。《民法典》第648条第2款、第810条以及《医疗机构管理条例》第30条等规定则体现了特别强制缔约。（二）以强制缔约义务的主体为准，强制缔约可以分为强制要约与强制承诺。我国《民法典》同时规定了强制要约（第494条第2款）和强制承诺（第494条第3款），前者如上市公司强制要约收购。

3.（一）私法自治意味着当事人只受自己意思的约束，不受不能归属于自己的他人意思或者不自由、不真实意思的约束。（二）私法自治在法律行为效力障碍（瑕疵）制度中的主要体现：无权代理行为效力待定，无行为能力人实施的法律行为无效，限制行为能力人实施的法律行为效力待定，受欺诈或者胁迫实施的法律行为可撤销，意思表示错误的法律行为可撤销。

4. 我国民法基本原则包括平等原则、私法自治原则、公平原则、诚实信用原则、公序良俗原则、绿色原则以及信赖保护原则。

5.（一）民事主体的人格一律平等，即权利能力平等。（二）在具体民事法律关系中各种当事人的法律地位平等。（三）对各类民事主体应当平等对待，包括形式平等与实质平等。（四）在权利救济上民法应当充分贯彻平等性，如"同命同价"。

五、论述题

1.（一）任何自由都是相对的、有限度的，即便是在旗帜鲜明地奉行个人主义的近代民法中，私法自治也受一定限制，比如公序良俗原则的限制。（二）基于保护弱者的考虑以及维护社会经济秩序等方面的考虑，现代各国普遍在民法中加强了对私法自治的限制，主要表现为：（1）格式条款的规制，未经磋商的格式条款是一种虚假的自治，因此，我国《民法典》第496—498条在格式条款订入、格式条款解释等方面对格式条款予以规制，保护格式合同相对人的利益。（2）强制缔约制度，据此，当事人在某些情形中将会被迫与他人订立合同，其合同自由在很大程度上被限制，强制缔约义务人通常是公用事业领域的企业以及其他领域具有市场支配地位的企业。（3）租赁合同关系中承租人的特殊保护，如"买卖不破租赁"规则、承租人的优先购买权等。（4）劳动合同关系中劳动者的特殊保护，如试用期的限制规则。（5）合同关系中消费者的特殊保护，如消费者撤回权。（6）强制保险制度，如机动车交通事故责任强制保险。（7）情势变更原则，情势变更的法律后果是允许处于不利地位的当事人请求变更或者解除合同，这是基于公平原则与诚信原则对契约自由的一种限制。（8）反垄断法对私法自治的限制，现代各国均制定了反垄断法，对垄断企业的契约自由予以限制，以维护其他市场主体的经济自由，据此，垄断协议无效，我国也不例外。（9）不动产物权人自由的限制，在现代民法中，出于环境与自然资源保护的考虑，不动产所有权人与用益物权人的自由受到越来越多的限制，比如土地用途管制、环保义务、城乡建筑规划等。

2.（一）诚信原则具有广泛的适用性。在合同法中，诚信原则的作用最为突出，很多制度都以之为基础。（二）择其要者，分述如下：（1）合同关系中的附随义务。所谓附随义务，是指合同虽无明确约定，但基于诚信原则在债之关系发展过程中所发生的义务，其目的在于增进给付义务或者保护相对人的人身财产利益。（2）先合同义务。在交易过程中，当事人除需要负担合同义务之外，还应负担先合同义务，即缔约过程中当事人依诚信原则对相对人负担的通知、告知、协助、照顾、保密等义务。（3）后合同义务。《民法典》第558条规定："债权债务终止后，当事人应当遵循诚信等原则，根据交易习惯履行通知、协助、保密、旧物回收等义务。"此即为后合同义务。（4）减损义务。在债务人违约的情况下，债权人应当及时采取适当措施防止损失扩大，否则债务人对扩大的损失不承担责任。（5）在约定不明确时，只要不给自己带来过多的负担，债务人应当选择对债权人最为有利的方式或者有利于实现合同目的的方式履行债务。（6）情势变更制度。情势变更制度与诚信原则也有内在关联，在作为合同订立之基础的客观情势发生异常变化时，当事人应当依诚信原则调整合同的内容，以维持利益平衡。（7）一部履行与提前履行规则。如果一部履行或者提前履行不损害债权人的利益，债权人不得拒绝，否则将违背诚信原则。（8）权利不得滥用原则。权利不得滥用在本质上是诚实信用原则在权利行使领域的一种体现。

六、案例分析题

1. 丙公司对甲公司享有请求交货的合同债权。理由：从买卖合同约定的内容可知，该合同属于利他合同，虽然依据私法自治原则，合同具有相对性，不能对第三人发生效力，但利他合同属于例外。依据《民法典》的规定，由于丙公司没有在合理期限内表示拒绝接受债权，所以丙公司已经确定地取得对甲公司的债权。

2. 丙公司对甲公司并不负担价款债务。理由：依据私法自治原则，当事人的意思只能约束自己，不得给他人设定负担，买卖合同是甲公司与乙公司订立的，丙公司并未表示愿意负担价款债务，所以丙公司不对甲公司负担价款债务，该债务仍由乙公司负担。

3. 丙公司无权拒绝受领。理由：虽然按照合同约定，买卖的货物数量是10000个摄像头，但依据诚信原则以及我国《民法典》有关规定，部分履行不损害债权人利益的，债权人不得拒绝受领。从本案标的物性质看，丙公司先受领6000个摄像头应该不会导致其利益受损，所以其无权拒绝受领。

4. 如前所述，价款债务由乙公司负担，乙公司有权拒绝支付剩余4000个摄像头的价款。理由：依据合同约定，甲公司的交货义务履行在先，乙公司的付款义务履行在后，由于甲公司只交付6000个摄像头，所以乙公司仅须支付相应部分的价款，其余价款等将来收到剩余货物后再支付，乙公司对此享有先履行抗辩权。

单元练习三：民法方法论

一、单项选择题

D B C D C；D B C A C

二、多项选择题

ABC；ABD；AD；ACD；AD；ABC；CD；ABD；BC

三、辨析题

1. 错。在一定范围内长期重复的做法可能以民众普遍法律信念为基础，民众在法律上具有受此约束的意思，也可能不以此为基础，只有前者才构成习惯法。

2. 错。指导性案例只能作为民事案件的裁判理由，不能作为裁判依据，所以只是准规范法源，不是规范法源。

3. 错。客观目的论解释既可以用于检验依其他解释方法得出的结论之正当性，也可以独立适用。

4. 对。无名合同中关于给付请求权的条款可以成为请求权基础。

5. 错。"物权法上的请求权"除了物权请求权，还包括占有保护请求权、所有人—占有人关系中的请求权。

四、简答题

1.（一）对于隐性（隐藏）法律漏洞，通过目的论限缩予以填补。（二）对于显性（开放型）漏洞，主要通过类推或者目的论扩张予以填补。（三）依据民法原则填补漏洞。

2. 多个请求权的检索顺序为：(1) 基于合同的请求权；(2) 类合同请求权；(3) 物权法上的请求权；(4) 侵权请求权；(5) 不当得利返还请求权。

3. （一）制定法，包括《民法典》及其他涉及民事问题的法律、法规，部门规章与地方性规章只能成为民法的准规范法源。（二）习惯法，不得违背公序良俗，且通常为补充性法源。（三）民事问题的司法解释，司法政策与指导性案例只能成为准规范法源。

五、论述题

（一）民法解释的方法（基准）主要包括文义解释、体系解释、反面解释、当然解释、历史解释、目的解释（客观目的论解释）。（二）具体方法：（1）文义解释，是指依一般语言用法或者可查明的特殊语言用法确定词语的意义，借此阐明法律条款的意义。（2）体系解释，是指在依据某一法条所用词语的文义无法确定该法条所指何意时，需要将其放在立法文本的体系脉络中，与其他法条相联系，才能阐明其确切含义。（3）反面解释，亦称反对解释，即依据法律规定的文字，推论其反面之结果。按照法学方法论上的定理，只有在法律规范中的构成要件是法律效果的必要条件或者充要条件的情况下，才能进行反面解释。（4）当然解释，是指对于某一事实，法律虽无明文规定，但依法律目的，其较法律明文规定的事实更有理由适用该规定，所以同样适用该规定。此即所谓"举重以明轻、举轻以明重"。（5）历史解释，也称主观目的论解释、法意解释，是指通过探究历史上的立法者的价值判断、立法目的及规范想法，阐明法律规则的意义。（6）目的解释，也称客观目的论解释，即依据法律的客观目的阐明其意义，历史上的立法者是否意识到该目的，在所不问。客观目的论解释的标准除法价值（原则）外，还包括法律调整的事物领域的结构。（三）各方法的位阶。文义解释在解释方法体系中处于第一位。体系解释在位阶上次于文义解释。历史解释与反面解释须慎用，因为前者在当代法学方法论上日趋式微，后者适用之前提不易判断。客观目的论解释除可以独立适用之外，还具有辅助作用，可以用于检验依其他解释方法得出的结论是否正当。

六、法条解释（评注）题

（一）文义解释：该条规定的是"抵押不破租赁"。（1）其构成要件是：租赁合同已经生效，且合同生效以及租赁物交付的时点早于抵押权设立的时点。（2）法律效果是：租赁关系不因抵押权的实现而终止，在抵押权实现程序中取得抵押财产所有权的人须承受租赁关系。（二）反面解释：该条仅规定先出租且交付、后抵押的情况下，抵押不破租赁，未规定先抵押、后出租或者后交付的情况下，抵押是否破租赁，存在法律漏洞，且符合反面解释的要件。反面解释的结论是：先抵押、后出租或者后交付的情况下，抵押破租赁，租赁关系因抵押权的实现而终止。

单元练习四：自然人

一、单项选择题

D C C A B；D C C B D；B C D A B

二、多项选择题

ABD；BCD；ABC；ABCD；ABD；ACD；AB；BD；CD；BC

三、辨析题

1. 错。自然人是私法概念，公民是公法概念，某些自然人不是本国公民，比如涉外民事法律关系中的外国人。

2. 错。按照我国《民法典》的规定，胎儿具有附条件的部分民事权利能力。

3. 错。死亡宣告被撤销后，被宣告死亡人的某些身份关系不能自动恢复，比如配偶已经再婚、子女被人收养，则夫妻关系、亲子关系不能自动恢复。

4. 错。无民事行为能力人不能实施任何法律行为。

5. 错。父母离婚后，未与子女共同生活的一方通常也享有监护权，仅当其确实欠缺监护能力时，才不享有监护权。

四、简答题

（一）自然人下落不明。（二）下落不明的状态持续一定期间，原则上须持续四年，因意外事件而下落不明的，须持续二年，但经有关机关证明该自然人不可能生存的，申请宣告死亡不受二年时间的限制。(三)申请人须为利害关系人,既包括下落不明人的近亲属,也包括其债权人、债务人、合伙人等民事主体。

2. (一)概念:意定监护是指基于当事人的意思表示而发生的监护。(二)类型:(1)成年人意定监护,即具备完全民事行为能力的成年人与他人达成书面合意,预先为自己选定监护人,在该成年人完全或者部分丧失民事行为能力时,监护关系发生;(2)遗嘱监护,即父母担任监护人时,通过遗嘱为子女指定某人在自己死亡之后继续担任监护人;(3)协议监护,即具备监护资格的数个人达成协议,确定由其中某一个或者某几个人担任监护人。

3. (一)纯获利益民事法律行为,即只给限制民事行为能力人带来法律上的利益,未使其承受法律上的不利益的民事法律行为。(二)与心智能力相适应的民事法律行为。(三)经法定代理人同意后实施的其他民事法律行为。

4. (一)父母。(二)祖父母、外祖父母。(三)兄、姐。(四)其他愿意担任监护人且经未成年人住所地居民委员会、村民委员会或者民政部门同意的个人或者组织。

5. (一)实施严重损害被监护人身心健康的行为,比如经常虐待被监护人,出卖、遗弃、性侵被监护人。(二)怠于履行监护职责,或者无法履行监护职责并且拒绝将监护职责部分或者全部委托给他人,导致被监护人处于危困状态。(三)实施严重侵害被监护人合法权益的其他行为,比如侵吞被监护人财产。

五、论述题

(一)自然人民事行为能力的类型:(1)完全民事行为能力,能完全辨认自己行为的成年人具有完全民事行为能力,16周岁以上的未成年人,以自己的劳动收入为主要生活来源的,视为完全民事行为能力人;(2)限制民事行为能力,8周岁以上的未成年人以及不能完全辨认自己行为的成年人具有限制民事行为能力;(3)无民事行为能力,无民事行为能力人包括不满8周岁的未成年人与 8 周岁以上但不能辨认自己行为的成年人或者未成年人。（二）民事行为能力与法律行为效力的关系：（1）完全民事行为能力人可以独立实施任何民事法律行为，法律有特别规定的除外。（2）限制民事行为能力人可以独立实施与其意思能力相应的民事法律行为或者纯获利益民事法律行为，经法定代理人同意后也可以实施其他民事法律行为。其中，所谓纯获利益民事法律行为是指只给限制民事行为能力人带来法律上的利益，未使其承受法律上的不利益的民事法律行为，比如，以限制民事行为能力人为受赠人的单纯赠与，免除限制民事行为能力人的债务，作为出借人的限制民事行为能力人作出终止无偿借贷或者借用合同的表示，向限制民事行为能力人授予代理权。（3）无民事行为能力人不得独立实施任何民事法律行为。

六、案例分析题

1. 丙可以向法院申请撤销乙的监护人资格。理由：乙担任监护人期间经常虐待甲，且照顾不周，怠于履行监护人职责，依据《民法典》有关规定，丙作为其他有监护资格的人，有权向法院申请撤销乙的监护人资格。

2. 可以宣告。理由：乙是有资格申请宣告甲死亡的利害关系人，只要符合宣告死亡的要件，法院即应作出宣告死亡的判决，无须考虑其他利害关系人的意见。

3. 甲可以自己申请或者由其利害关系人申请撤销死亡宣告。理由：按照《民法典》有关规定，被宣告死亡人重新出现的，可以申请撤销死亡宣告。如果甲返回家乡时已无精神障碍，恢复了民事行为能力，则甲可以自己向法院申请撤销死亡宣告；否则，可由其姐作为利害关系人申请撤销死亡宣告。

4. 不能自行恢复。理由：即便甲的死亡宣告被撤销，由于乙此前已经再婚，导致甲、乙的婚姻关系不可逆转地消灭，所以，虽然甲的死亡宣告被撤销时乙已丧偶，但二人的婚姻关系亦不能自行恢复。

5. 不能自行恢复。理由：由于其女儿在其宣告死亡期间已被他人合法收养，导致亲子关系不可逆转地消灭，所以，即便甲的死亡宣告被撤销，亲子关系亦不能自行恢复。

单元练习五：法　人

一、单项选择题

C D A B D；B B A C C；B

二、多项选择题

ABD；ABCD；BC；CD；BC；ABD；ABC；BCD；ABD；BC

三、辨析题

1. 错。法人具有民事行为能力，可以通过法人机关形成意思并且表达意思，借此实施法律行为。

2. 错。社团罚不得超出合理限度，即便章程有明确规定，在发生纠纷时，法院亦应审查处罚措施是否违反禁止性法律规定或者公序良俗以及是否符合比例原则。

3. 错。法人机关越权侵害他人，如果加害行为与机关职权之间具有关联性，即便该行为超越权限范围，法人仍然必须为此承担责任。

4. 错。在清算期间，法人可以实施与清算有关的民事法律行为。

5. 错。社会团体法人是非营利社团法人，除此之外，社团法人还包括有限责任公司、股份有限公司等营利社团法人。

四、简答题

1. （一）社员权，包括一般社员权与特别社员权。（二）一般社员权包括：（1）机关参与权，如出席社员大会的权利、表决权、被选举权等；（2）受益权，包括使用社团设施的权利、享用社团服务的权利、分取社团盈利的权利、分取社团剩余财产的权利等；（3）辅助性权利，如社员的知情权。（三）特别社员权是指社团章程赋予个别社员某些特别的权利，如扩大的表决权、扩大的分红权。

2.（一）权力机关，是指在法人机关体系中处于最高地位、行使最高权力的机关，社团法人以社员大会或者社员代表大会为权力机关。（二）执行机关，是指负责依法律规定、章程及法人权力机关决议执行法人管理、经营事务的机关，如董事会、理事会等。（三）代表机关，是指代表社团法人对外实施法律行为的机关，如公司的法定代表人。（四）监督机关，如公司的监事会，其职权主要是对执行机关、代表机关及高级管理人员的活动进行监督，并向权力机关报告。

3.（一）特许设立主义。（二）强制设立主义，适用于律师协会等法人。（三）许可主义，即法人的设立须经主管的行政机关许可，适用于社会团体法人、金融机构法人等。（四）准则主义，是指符合法律规定设立条件的，无须行政机关许可，只须经登记即可设立法人，适用于普通的公司法人。（五）放任主义，只要具备法人的规范要件，法人即告成立，既不需要行政许可，也不需要登记。

4.（一）命令或者组建设立，适用于机关法人。（二）发起设立，是指通过若干发起人的设立行为设立法人，适用于某些社团法人，比如股份有限公司。（三）募集设立，是指在设立法人时，发起人仅负担部分出资，其余出资向他人募集，适用于股份有限公司。（四）捐助设立，财团法人采用捐助设立的方式设立，设立人须实施一项捐助行为。

5.（一）社团法人是人的集合，所以有成员（社员）；财团法人只是纯粹的财产集合，没有成员。（二）社团法人是自治法人，财团法人是他治法人。（三）在私法上，社团法人的设立行为通常是多方法律行为，而且必须是生前行为；财团法人的设立行为是作为单方法律行为的捐助行为，可以是死因行为。（四）社团法人有社员大会作为权力机关；财团法人没有社员大会，只有理事会之类的管理机关。(五)社团法人可由社员大会决定解散，财团法人不可能以此种方式解散。

五、论述题

(一)学说争论。关于法人目的范围的法律意义，学界存在权利能力限制说、行为能力限制说及民事能力不受限制说之分歧。第三种学说又细分为代表权限制说与内部责任说。(二)民事能力不受限制说比较合理。法人的民事权利能力和民事行为能力不受其目的范围限制。(1)如果法人民事权利能力受目的范围限制，意味着营利法人无法享有目的范围外权利，无法在目的范围外进行经营，这无异于使其自缚手脚。此外，民事权利能力受目的范围限制，意味着私法人或者公法人在此范围之外从事民事活动导致他人遭受损害的，不需要承担赔偿责任，这不利于保护其他人的利益。(2)法人通过其机关形成并表达意思，只要机关成员具备健全意思能力，法人必然具备健全的意思能力，不是无民事行为能力或者限制民事行为能力人，目的范围与法人意思能力并无关联。(三)法人目的范围的法律意义在于限制法人代表机关的代表权或者作为确定内部责任的依据。(1)对于营利法人的目的范围，应当采用内部责任说，以保护交易安全。(2)对于非营利法人的目的范围，宜采代表权限制说，因为交易安全的保护没那么迫切。

六、案例分析题

1. E公司有权请求B公司承担损害赔偿责任。理由：乙是B公司的法定代表人，作为代表机关，其在执行职务过程中欺诈E公司，其过错构成B公司的法人过错，B公司因此必须向E公司承担侵权责任或者缔约过失责任。

2. D公司有权请求A公司清偿300万元债务。理由：A公司作为B公司的大股东，在财务与人员方面，与B公司高度混同，长期转移财产，导致 B 公司被掏空，丧失偿债能力，符合法人人格否认的构成要件。D 公司可向法院诉请否认 B 公司的独立人格，突破有限责任，要求滥用股东有限责任地位的 A 公司为 B 公司清偿债务。

3. D 公司无权请求丁清偿 300 万元债务。理由：丁没有参与 B 公司日常经营管理，没有滥用股东有限责任地位，所以法人人格否认不适用于丁，丁对于 B 公司的债务，仍然仅承担有限责任。D 公司不能越过债务人 B 公司，直接请求股东丁清偿债务。

4. 否。理由：法人人格否认的法律效果仅适用于个案，不能当然适用于其他案件。E 公司的诉讼与 D 公司的诉讼是两个案件，虽然法院在 D 公司的诉讼中否认了 B 公司的法人人格，但该效果不及于 E 公司的诉讼，仅当 E 公司在自己的诉讼中也主张否认 B 公司的法人人格时，法官才能否认 B 公司的独立人格，并判令股东 A 公司清偿 B 公司的损害赔偿债务。

5. C 信用社无权请求 A 公司承担保证责任。理由：A 公司为其股东甲的债务提供担保，按照《公司法》有关规定，必须经股东会决议，此为对甲之代表权的法定限制。甲未经决议即与 C 信用社订立保证合同，构成越权代表，C 信用社当时未尽必要注意，并非善意，所以不构成表见代表，保证合同对 A 公司不发生效力。

单元练习六：非法人组织

一、单项选择题

B A D C D；B D A D C；D B

二、多项选择题

ABC；ABC；ABD；CD；ABD；AC；ACD；BCD；CD；CD

三、辨析题

1. 错。入伙人对入伙前的合伙企业债务应承担责任。

2. 错。有限合伙人死亡后，其继承人成为有限合伙人；普通合伙人死亡后，其继承人愿意成为合伙人且经全体合伙人一致同意的，亦成为合伙人，无须退伙。

3. 对。

4. 错。合伙企业在我国民法中具有权利能力，所以，合伙企业的动产与不动产由其自己所有，并非由各合伙人共同共有。

5. 错。无民事行为能力人或者限制民事行为能力人可以因继承等事由成为有限合伙人。

四、简答题

1.（一）出资义务，合伙企业设立人有义务向合伙企业缴纳出资。（二）忠实义务，每个合伙人都应忠实于合伙，以合伙的共同利益为行动指针。（1）积极意义上的忠实义务是指合伙人在参与管理合伙企业事务时，应当尽可能维护、促进合伙企业的利益；（2）消极意义上的忠实义务是指不得从事有害合伙利益的活动。(三) 勤谨义务,合伙人在参与管理合伙企业事务时,应当勤勉、谨慎。

2. (一) 入伙要件:(1) 经全体原合伙人一致同意;(2) 与全体原合伙人或者其授权的合伙人订立书面入伙合同。(二) 法律效果: (1) 入伙人取得合伙份额; (2) 入伙人应履行出资义务; (3) 入伙人对入伙前合伙企业的债务承担无限连带责任,但新入伙的有限合伙人对此仅以其认缴的出资额为限承担责任。

3. (一) 自愿退伙,也可称为声明退伙,是指合伙人自愿作出退伙的意思表示,发生退伙法律效果,又可以细分为单方退伙与合意退伙。(二) 强制退伙,是指合伙企业在特定条件下以除名的方式强制某个合伙人退出合伙。(三) 当然退伙,也可称为自动退伙,是指在特定条件下,合伙人自动退出合伙,无须任何一方作出意思表示。

4. (一) 任意退伙权,是指合伙合同未约定合伙期限的,合伙人享有任意退伙权,但退伙不应当给合伙企业事务执行造成不利影响,且应当提前三十日通知其他合伙人。(二) 约定退伙权,是指合伙合同约定退伙事由的,在该退伙事由出现时,合伙人取得退伙权。(三) 法定退伙权,是指发生合伙人难以继续参加合伙的事由或者其他合伙人严重违反合伙合同约定义务的,合伙人有权退伙。

5. (一) 合伙人未履行出资义务。(二) 合伙人因故意或者重大过失给合伙企业造成损失。(三) 执行合伙事务时有不正当行为。(四) 发生合伙协议约定的事由。

五、论述题

(一) 债务种类。非法人组织的债务包括意定债务与法定债务。(1) 意定债务是指非法人组织的代表人以非法人组织的名义与第三人缔结合同发生的债务,也包括因表见代表发生的债务。(2) 法定债务包括非法人组织在民事活动中发生的不当得利债务、无因管理债务、缔约过失损害赔偿债务与侵权损害赔偿债务。(二) 非法人组织债务与责任的相对独立性。非法人组织的债务与责任具有相对独立性，其独立性表现在如下方面：（1）非法人组织的财产是其债务的第一顺位责任财产，其设立人或者成员（合伙人）的财产是其债务的第二顺位责任财产。仅当第一顺位责任财产不足以清偿债务时，才能以第二顺位责任财产清偿债务。此为双层责任财产制。例外者，有限合伙人对合伙企业的债务仅承担有限责任，其个人财产不充当第二顺位责任财产。（2）区分非法人组织的债务与其设立人或者成员的债务。首先，非法人组织设立人或者成员的债务以设立人或者成员的自有财产为责任财产，债权人不得强制执行属于非法人组织的财产，可以被强制执行的只有合伙人对合伙企业享有的合伙份额以及已确定分配的盈利支付请求权。其次，合伙人发生与合伙企业无关的债务，相关债权人不得以其债权抵销其对合伙企业的债务。

六、案例分析题

案例一：

1. 有权请求。理由：丙为有限合伙人，本来无须向合伙企业的债权人清偿合伙债务，但丙欠缴 10 万元出资，A 工厂对其享有 10 万元出资缴纳请求权。现 A 工厂自己无法清偿全部债务，债权人 C 公司可以申请对 A 工厂享有的这项出资债权予以强制执行，结果是 C 公司有权请求出资债务人丙直接向其清偿 10 万元。此外，C 公司亦可对此项出资债权行使债权人代位权，发生相同的结果。

2. 否。理由：合伙企业债权与合伙人债务相互独立，甲欠 B 公司 60 万元，是其个人债务，B 公司欠 A 工厂 100 万元，是合伙企业债权，二者主体不同，不可相互抵销。

3. 无权。理由：这批货物是合伙企业财产，乙欠丁 50 万元是合伙人的个人债务，个人债务不得以合伙企业财产为责任财产，所以，即便符合自助行为的其他要件，丁亦无权扣留 A 工厂的这批货物用于抵债。

4. 丁可以向法院申请对乙享有的合伙企业盈利支付请求权以及

对合伙份额予以强制执行。由此引发的法律效果是：如果 A 工厂有已经确定要分配的盈利，则 A 工厂应当向丁支付；法院应当通知甲、丙，二人对被强制执行的乙的合伙份额享有优先购买权，若不购买且不同意将该合伙份额转让给其他人，则应当为乙办理退伙结算或者削减合伙份额的结算。

案例二：

1. 保证合同效力待定。理由：按照《合伙企业法》有关规定，以合伙企业名义为他人提供担保，须经全体合伙人一致同意。该规定是对甲的代表权的限制，甲未经丙同意而订立保证合同，构成越权代表，类似于无权代理，合同效力待定，须经全体合伙人一致同意追认后，才能对合伙企业发生效力。

2. 不一定当然退伙。理由：丙虽丧失民事行为能力，但经甲、乙一致同意后，可以转为有限合伙人，甲、乙不同意的，才当然退伙。

3. 乙应向 A 商店承担获利返还责任与损害赔偿责任。理由：乙开设的 C 商店与合伙企业 A 商店存在业务竞争，乙违反合伙人的忠实义务，依据《合伙企业法》第 99 条的规定，乙应当将经营 C 商店所得的相应收益归入 A 商店，A 商店还有损失的，乙应予以赔偿。

4. 应承担责任。理由：合伙份额转让的，受让人如同入伙人，应对份额受让前的合伙企业债务承担无限连带责任，A 商店欠 B 公司的 100 万元债务就是发生于 D 公司受让合伙份额之前的合伙债务。

单元练习七：物与其他权利客体

一、单项选择题

D C C B D；C A B A C；B D

二、多项选择题

ABC；AB；ACD；ABD；ACD；ABD；AB；ABC；AB；ABD

三、辨析题

1. 错。民法理论上的财产，指的是具有金钱价值的权利的集合体，而非物的集合体。

2. 错。人造器官安装到人体之后，不是物，但与人体分离时，成为物。

3. 错。果实仅在与果树分离后，才成为果树的孳息。

4. 对。

5. 错。"从物随主物转让"规则既适用于处分行为，也适用于负担行为。

四、简答题

1. （一）物权的客体是物，主要是有体物，但也包括个别无体物，如土地使用权、股权。（二）债权的客体是给付，即债务人的某项行为。（三）知识产权的客体是智力成果，如作品、商标等。（四）人格权的客体是人格利益，如肖像、名誉等。（五）身份权的客体是身份利益。（六）继承权的客体是遗产，它是继承权的归属力作用的对象。

2. （一）孳息可以分为物的孳息和权利孳息。（二）物的孳息包括直接孳息（天然孳息）与间接孳息（法定孳息）。（1）物的直接孳息是指物的出产物或者依物的用途得到的其他收获物，如母鸡下的蛋。（2）物的间接孳息是指基于一个法律关系获取的物的收益，租金是租赁物的间接孳息。（三）权利的孳息亦分为直接孳息与间接孳息。（1）权利的直接孳息是指直接从权利的行使中获取的收益，如承租人行使租赁权从土地或者果树获取的出产物。（2）权利的间接孳息是指基于一个法律关系从权利中获取的收益，如专利权人基于专利许可使用合同获取的使用费。

3. （一）物须具有可支配性，自然界中的物，如果不能被人力支配，就不构成民法上的物。（二）物须具有独立性，物的重要成分因欠缺独立性，不能成为权利客体。（三）物是人体以外的存在体，人体及其组成部分不是物，某些人体组成部分与人体分离后可以成为物。

五、案例分析题

1. 丁的行为侵害了丙对果园享有的土地承包经营权、对苹果树享有的所有权。理由：丙虽然将果园出租给甲、乙，但其对果园土地仍然享有承包经营权，此为用益物权，丁擅自闯入果园土地，侵害了丙的用益物权；果树所有权仍然归属于丙，丁折断树枝，侵害了丙的果树所有权。

2. 丁的行为侵害了甲、乙对 5 颗苹果的所有权并且侵害了甲、乙对果园的占有。理由：5 颗苹果与果树分离后，成为孳息，因甲、乙对果园享有租赁权，苹果是该权利的孳息，故 5 颗苹果由甲、乙取得所有权，丁拿走苹果，侵害了甲、乙的苹果所有权；甲、乙在租赁期间，有权占有果园的土地与果树，丁擅自闯入果园，折断果树枝条，侵害了甲、乙的占有。

3. 苹果买卖合同有效。理由：买卖合同是负担行为，不以出卖人对标的物享有处分权为生效要件，故苹果虽非出卖人甲个人所有，但这不影响买卖合同的效力。

4. A 公司无权运走剩余苹果。理由：采摘的 10 万斤苹果所有权是甲、乙的合伙财产，这是二人组成的共同共有体的特别财产，只能作为合伙债务的责任财产，不能作为合伙人甲个人债务的责任财产。苹果买卖合同在 A 公司与甲之间发生效力，甲因此对 A 公司负担的债务是其个人债务，该债务的责任财产是甲的个人财产，其中包括甲对果园的合伙份额。既然 10 万斤苹果并非甲个人债务的责任财产，则 A 公司就不能从这批苹果中受偿债权。

单元练习八：权利变动概述

一、单项选择题

C A D B D；C B D B C；B

二、多项选择题

ABD；BCD；BC；ACD；AC；ABCD；AB；ACD；BC；AC

三、辨析题

1. 错。准法律行为是意思通知、观念通知等表示行为，无因管理过程中，管理人并未向本人作出任何表示，所以不是准法律行为。

2. 错。违法行为除侵权行为与债务不履行行为之外，还包括违反身份法义务的行为以及伪造、篡改遗嘱等行为。

3. 错。包含两个法律事实，从损害赔偿责任的视角看，"甲杀害乙"是一个行为；从继承以及婚姻关系终止的视角看，"乙死亡"是一个事件。

4. 对。

5. 错。债权让与通知是把债权已经被转让这一事实通知给债务人，所以是观念通知或者事实通知，不是意思通知。

四、简答题

1. （一）权利的继受取得亦称权利的相对发生或者传来取得，是指基于他人既存的权利而取得权利。（二）继受取得可以分为移转继受取得与创设继受取得。前者是指权利依其原状从原权利人手中移转于取得人手中，如甲从乙处受让不动产所有权。后者是指依权能分离的方式从他人的权利中创设一项新的权利，如创设抵押权。（三）继受取得还可以分为特定继受取得与概括继受取得。前者是指继受取得单个权利，后者是指将众多权利作为整体财产予以继受取得。

2.（一）概念：准法律行为包含了一项表示，行为人借此表达了一项意愿、观念、感情等心理活动，其法律效果直接由法律规定。（二）种类：（1）意思通知；（2）观念通知；（3）感情表示。

3.（一）概念：意思通知是指行为人表达了一项意愿，但其法律效果直接由法律规定而非由该意愿决定。（二）举例：债务履行之催告、追认权行使之催告、要约之拒绝、给付之拒绝、给付受领之拒绝、债务承担同意之拒绝、债务人同意履行等。

4.（一）概念：观念通知亦称事实通知，是指行为人表达了一项对某个事实的认识，但其法律效果直接由法律规定而非由该认识决定。（二）举例：债权让与通知、买卖物瑕疵告知、授权通知、债权申报、股东会的会议通知、货物签收、在告知单上签字确认、在催款单上签字承认债务等。

5.（一）概念：事实行为是指以发生某种事实效果为本旨但依法发生特定法律效果的适法行为。（二）举例：先占、占有之取得或者放弃、交付、加工、建造房屋、创作学术或者文艺作品、无因管理、导致补偿责任的紧急避险等。

五、论述题

（一）通说认为，民事法律事实可以分为人的行为及自然事实。（二）依通说，人的行为可以分为违法行为与适法行为。（1）违法行为包括侵权行为、债务不履行行为与其他违法行为。（2）适法行为又可以细分为表示行为与非表示行为，后者即事实行为。表示行为包括意思表示与其他表示行为，后者被称为准法律行为。（3）意思表示是法律行为的要素，法律行为的根本特征在于，之所以发生特定法律效果，是因为行为人想要发生该法律效果并且将其意愿表达于外部（意思表示），法律在行为人的意愿与法律效果之间建立了因果关联。(4) 可以将事实行为定义如下：以发生某种事实效果为本旨但依法发生特定法律效果的适法行为。事实行为如先占、占有之取得或者放弃、交付、加工、建造房屋、创作学术或者文艺作品、无因管理、导致补偿责任的紧急避险等（写出三种即可！）。(5) 准法律行为包含了一项表示，行为人借此表达了一项意愿、观念、感情等心理活动，但法律效果的发生并非因为行为人想使其发生，毋宁说，该法律效果直接由法律规定。具体包括意思通知、观念通知（事实通知）、感情表示。（三）自然事实，包括事件与状态。事件如出生、死亡、自然原因导致的火灾、自然原因导致的动产混合等。状态如下落不明、精神障碍、时间的经过、善意、知悉、设施造成的妨害状态或者危险状态、遗失物无人认领状态、不动产位置相邻、雇佣关系的存续等（写出三种即可！）。

【若依少数说回答亦可得分：（一）民事法律事实分为人的行为与自然事实，后者包括事件与状态。（二）人的行为分为表示行为与非表示行为（事实行为），至于合法行为与违法行为之划分，只能处于第二层级。（三）表示行为包括合法表示行为与违法表示行为，后者如违法合同。（四）非表示行为包括合法事实行为与违法事实行为，前者如先占，后者如违法建造房屋、侵权行为。】

六、案例分析题

1. 该主张不成立。理由：拒绝受领之表示在民法上属于意思通知，买卖物瑕疵告知属于观念通知，二者虽非法律行为，但都是准法律行为，可以准用法律行为的代理规则。据此，曹某虽非乙公司法定代表人，但作为采购部门负责人，有权代理乙公司处理收货事宜，所以其对甲公司作出的拒绝受领之表示以及瑕疵告知可以在乙公司与甲公司之间发生效力。

2. 对于100万元价款债权，在收货前，乙公司享有先履行抗辩权,因为合同约定先交货、后付款。在乙公司受领五分之四合格货物后,乙公司丧失相应的先履行抗辩权,但对于五分之一不合格货物所对应的 20 万元价款债权,乙公司仍享有先履行抗辩权,因为甲公司这部分交货债务尚未履行。

3. 乙公司须对甲公司承担债务不履行的责任,即违约责任。理由:乙公司既然已经受领五分之四货物,则有义务在 15 日内支付 80 万元价款,乙公司逾期未支付,构成债务不履行,属于民法上的违法行为,须为此承担不利后果。

4. 该主张不成立。理由:依据《民法典》有关规定,保证人承担保证责任后,主债权移转于保证人,此为权利的法定继受取得,不取决于各方当事人是否对此有所约定。丙公司既已承担了保证责任,当然取得原属于甲公司的 80 万元价款债权。

单元练习九：法律行为与意思表示的一般原理

一、单项选择题

C B D B D；C D B C A；D A B D B；C D D B C

二、多项选择题

AD；CD；ABD；ACD；ABC；AC；ABD；BCD；AC；ABCD；ACD；BCD；BC；ABC；ACD；BC

三、辨析题

1. 错。债权法上的法律行为有的是债权行为，有的是处分行为，后者如债权让与。

2. 错。有些意思表示虽然成立，但尚未生效，比如，非对话意思表示，自发出时成立，但自到达时才发生效力。

3. 错。有些合同存在两个以上的当事人，比如三个人订立合伙合同，此非双方法律行为，而是多方法律行为。

4. 错。某些动机错误亦可导致法律行为可撤销，比如性质错误。此外，如果因欺诈导致动机错误，则法律行为亦可撤销。

5. 错。在填补意思表示漏洞时，任意性法律规范的适用原则上优先于补充性意思表示解释。

6. 错。我国《民法典》只是针对保理合同规定了通谋虚伪表示无效不得对抗善意第三人，此非一般规则。

7. 错。如果戏谑失败，则可能成立意思表示。

8. 对。

9. 错。好意的欺诈也妨碍了表意人的决断自由,所以也构成民法上的欺诈。

10. 错。相对人的代理人、交易事务辅助人实施的欺诈,不是第三人欺诈,应当按照相对人欺诈处理。

四、简答题

1. (一)存在欺诈行为,包括虚构事实与隐瞒事实。(二)欺诈行为与意思表示的作出之间存在因果关系。(三)存在欺诈故意,好意欺诈仍然构成欺诈,但合法的故意欺诈不构成民法上的欺诈。

2. (一)存在胁迫行为,即表示给他人施加某种不利益,以迫使该他人作出违背真实意愿的意思表示。(二)胁迫行为具有违法性,包括目的违法或者不正当、手段违法、目的与手段之结合不正当。(三)胁迫与意思表示之间存在因果关系。(四)胁迫是故意的。

3. (一)存在一项意思表示。(二)表示内容与表意人的意思不一致。(三)表意人并非故意导致表示内容与其意思不一致。(四)表示内容与意思的不一致具有显著性。

4. (一)内容错误,如标的物同一性错误、合同类型错误。(二)表达错误,如口误、笔误。(三)传达错误,即意思表示传达过程中发生错误。(四)性质错误。(五)双方动机错误。

5. (一)存在一项意思表示。(二)表示意义与表意人的真实意思不一致。表意人的真实意思是"不发生该法律效果",表示意义是"发生该法律效果",二者相互背离。(三)表意人知道其意思与表示意义不一致。(四)表意人当时认为他人不知道其内心真意。

6. (一)真意保留,亦称单方虚伪表示,是指表意人虽作出意思表示,但内心有所保留,不希望依表示内容发生法律效果。(二)戏谑表示是指非出于真意且预期真意的欠缺不至于被人误解而作出的意思表示。(三)区别在于,真意保留是"恶意戏谑",表意人未期望相对人认识到其表示欠缺真诚，毋宁说，表意人反而希望相对人未能识别其真意之保留；戏谑表示是"善意戏谑"，表意人预期相对人可以认识到其表示欠缺真诚。

7.（一）意思表示到达障碍，是指意思表示因相对人的行为或者其支配领域内的其他原因而没有到达或者迟延到达。（二）障碍类型：（1）相对人拒绝受领，对此，需要区分两种情形。其一，相对人有权拒绝，即有正当理由拒绝受领的，意思表示未到达。其二，相对人无权拒绝，即无正当理由拒绝受领的，意思表示视为已经到达。（2）其他到达障碍，除拒绝受领之外，相对人方面还可能由于缺乏适当的受领设施而导致意思表示未能到达或者未能及时到达。存在上述到达障碍时，表意人须重新尝试寄送或者发送意思表示，否则，意思表示未到达。

五、法条解释（评注）题

（一）规范目的与适用范围。本款规定通谋虚伪表示的法律行为无效，目的是贯彻私法自治原则。通谋虚伪表示规则仅适用于需受领意思表示（有相对人意思表示）。据此，遗嘱、动产所有权抛弃等不适用该条规定。（二）构成要件。（1）表示内容与主观意思不一致。通谋虚伪表示是虚伪表示的一种，所以，仅当表意人的主观意思与其表示内容不一致时，才可能构成通谋虚伪表示。（2）表意人与受领人一致认为表示内容不应发生效力。所谓"通谋"是指表意人与受领人就表示内容的虚伪性达成一项合意，该合意即虚伪表示约定。此项合意体现了双方当事人的真实意愿，其内容是"表示无效"。虚伪性合意使通谋虚伪表示区别于真意保留。表意人单方面故意作出与其主观意思不一致的表示，即便受领人知道不一致，也不构成通谋虚伪表示，仍然是真意保留。（三）法律效果。基于通谋虚伪表示达成的法律行为（虚伪行为）无效。依据《民法典》第763条的规定，应收账款债权人与债务人虚构应收账款作为转让标的，与保理人订立保理合同，债务人不得以应收账款不存在为由对抗不知情的保理人。该条规定在保理合同领域明确承认了"通谋虚伪表示无效不得对抗善意第三人"的规则。在其他领域，必要时可以类推适用该条规定。

六、论述题

1. （一）无相对人的意思表示解释原则。无相对人的意思表示采用主观解释原则，仅以表意符号的主观意义为准。（二）有相对人的意思表示解释原则。（1）在解释有相对人的意思表示时，出于相对人信赖保护的考虑，应优先考虑表意符号的客观意义，但在特定前提下，表意人赋予表意符号的主观意义仍然可以成为意思表示的内容。前者即规范性解释；后者即自然解释，前提是双方当事人一致赋予表意符号不同于客观意义的主观意义，此即"误载无害真意"。（2）客观解释通常被称为规范性解释、受领人（相对人）视角解释。客观解释的目标是探究相对人对表示意义的应有理解。"应有"意味着包含评价因素的应然判断，相对人应有的理解是一种标准理解。（3）所谓标准理解，通常被描述为理性人对表意符号的理解。所谓理性人是指一个具备中等程度心智能力、知识和经验的人。首先，必须是某种类型的理性人，比如理性的商人、理性的特殊行业从业者、理性的消费者。各种类型的理性人具备该类型人士的中等能力与智识。其次，无论何种类型的理性人，均应被置于实施法律行为的具体情境之中。只有将理性人置于与特定相对人同样的位置，二者才具有可比性，解释意思表示时才能正当地以前者为标准衡量后者。

2. （一）负担行为与处分行为的概念。负担行为是指使当事人负担给付义务的行为，处分行为是指直接使一项既存财产权利得以变动的法律行为，二者是对财产行为的进一步划分。负担行为的效果是在当事人之间创设债权债务关系，因此，也被成为债权行为。（二）负担行为与处分行为区分的必然性。只要区分了物权与债权，则负担行为与处分行为的区分就是民法理论逻辑的必然要求。

(1) 在基于法律行为的物权变动情形中,物权变动与债权发生是两个法律效果。当事人先订立动产买卖合同,后进行交付,在交付生效主义下,买卖合同不可能立即导致动产所有权移转,只能在买卖双方之间发生债权债务关系,它是债的发生原因。动产所有权移转之法律效果的发生必须另有其因。事实行为意义上的交付本身不可能成为动产所有权移转的原因,否则该动产所有权移转就不是基于法律行为的物权变动,而是基于事实行为的物权变动。这个问题不可能通过如下方式得以解决:把"基于法律行为的物权变动"中的法律行为理解为买卖合同,并把买卖合同与交付视为物权变动的共同原因。如果说买卖合同是物权变动的原因,就必然意味着买卖合同的法律效果除债权效果之外,还包括物权效果。如此,其就不再是单纯的债权行为,因为债权行为只能成为债权发生的原因。同时成为债权发生与物权变动之原因的买卖合同必须解释为既包含债权合意,也包含物权合意,两项合意共存于一个交易事实之中。物权行为与债权行为之区分依然不可避免。(2) 在若干特殊交易类型中,显然存在专门针对权利变动的合意。例如,动产抵押权自抵押合同生效时设立,抵押合同直接发生该物权变动效果,显然包含了物权合意。土地承包经营权转让、土地经营权设立、地役权设立等采用登记对抗主义(意思主义)的不动产物权变动合同也都包含了物权合意。(三) 负担行为与处分行为区分的法律意义。首先,在理论上承认负担行为独立于处分行为,使得实践中对二者的法律效力予以分别判断具备了可能性。处分行为因某种事由(如欠缺处分权)不发生法律效力的,不影响负担行为的法律效力。其次,处分行为与负担行为不同,其有效性以处分人对处分客体享有处分权为前提。最后,处分行为适用客体特定原则,须就一个客体达成一项处分行为,不能就数个客体达成一项处分行为。(四) 处分行为的有因与无因。在抽象(无因)原则下,处分行为的效力独立于负担行为,即便负担行为无效、被撤销,处分行为的效力亦不受影响。但从法价值看,无因原则未必合理,有因原则更为可取。

3. （一）意思表示与法律行为的概念区分。意思表示不等同于法律行为。（1）单方法律行为仅由一个意思表示构成，意思表示与法律行为看似没有实质区别，但仍应区分。个别单方法律行为除需要一个意思表示之外，还要求其他构成要件，例如代书遗嘱，除需要遗嘱人作出意思表示之外，还需要两个以上见证人在场见证，其见证行为是遗嘱的特别成立要件。（2）多方法律行为由数个意思表示构成，是数个达成一致的意思表示的结合体，意思表示与法律行为的区别比较明显。与单方法律行为类似，某些多方法律行为的构成要件不限于数个意思表示，还包括事实行为或者官方行为，例如结婚行为。（二）意思表示与法律行为的效力区分。（1）意思表示的效力包括两个方面。一是形式效力，即所谓意思表示形式约（拘）束力，据此，意思表示一旦生效，表意人就不得任意撤回、撤销或者变更。二是实质效力，也可称之为意思表示的形成力，即意思表示生效后，可以与内容一致的其他意思表示共同形成一项法律行为。就要约而论，有些文献将此种效力称为要约的实质约（拘）束力。（2）意思表示不发生效力的，法律行为因欠缺构成要素而不成立。意思表示发生效力的，并不意味着法律行为必然发生效力。就单方法律行为而论，一个意思表示生效即导致法律行为成立。就多方法律行为中的合同而论，须多个意思表示皆生效且达成一致，法律行为才成立。如果某种法律行为有特别成立要件，则还须符合该要件才能成立。至于成立后的法律行为是否生效，则是另一个问题，需要依据法律行为本身的生效要件予以判断。（3）总之，意思表示与法律行为之关系的逻辑序列是：意思表示成立→意思表示生效→法律行为成立→法律行为生效。法律行为生效是终极目标，在通往终极目标的道路上，每个环节都可能出现障碍。

七、案例分析题

案例一：

1. 关于房屋赠与，甲、乙实施了两个法律行为，一是作为负担行为的房屋赠与合同，二是作为处分行为的房屋所有权让与行为。两个法律行为无效，因为二者皆属于通谋虚伪表示，双方当事人并无赠与房屋和让与房屋所有权的真意，按照《民法典》的有关规定，法律行为皆为无效。

2. 甲允许乙居住 1 年，双方成立借用合同，该合同也是一项法律行为。借用合同可撤销，因为乙在订立合同过程中谎称自己没有住处，甲因此决定借房给乙，乙的行为构成对甲的欺诈，甲有权撤销借用合同。

3. （1）如果订立合同时，丙知道乙并非房屋所有权人，则租赁合同有效。理由：租赁合同属于负担行为，不以出租人对标的物享有处分权为生效要件，租赁合同仅在乙、丙之间发生债权债务关系，对所有权人甲没有法律约束力，在房屋已经交付给丙的情况下，甲有权请求丙返还占有，腾空房屋。（2）如果订立合同时，丙不知道乙并非房屋所有权人，相信了乙称自己为所有权人的说法，则其系受乙欺诈而订立租赁合同，合同可撤销。

4. （1）如果订立买卖合同时，丁知道乙并非房屋所有权人，则房屋买卖合同有效，因为买卖合同属于负担行为，不以出卖人对房屋享有处分权为生效要件。（2）如果订立买卖合同时，丁不知道乙并非房屋所有权人，则其系受乙欺诈而订立买卖合同，合同可撤销。

5. 乙将仍然属于甲的房屋所有权转让给丁，构成无权处分，如果丁为善意，则依善意取得规则，丁取得房屋所有权，如果丁非善意，则丁未取得房屋所有权。

案例二：

1. 抵销行为未生效。理由：抵销表示是有相对人的意思表示，甲公司采用信函方式作出抵销表示，这是非对话意思表示，需要到达乙公司。由于乙公司搬离原住所，导致邮递员无法送达，出现到达障碍。对此，甲公司须重新尝试发送抵销表示，否则，意思表示未到达。

2. 本案中的《安慰函》应解释为一项意思表示（或者一项具有效果意义的表示）。理由：从措辞看，《安慰函》语气坚定、用词明确，属于"刚性"保护人声明，鉴于乙公司不知道丙公司的真实想法，应采用意思表示的规范性解释，处于乙公司位置的理性人可以将《安慰函》理解为丙公司愿意受法律约束，为甲公司的工程款债务承担责任。

3. 在丙公司的真实想法得到证明的情况下，应当认定丙公司在出具《安慰函》的时候欠缺表示意识，误以为此举没有表示价值，但实际上却具有表示价值。鉴于丙公司的法务部员工学艺不精，丙公司具有可归责性，所以《安慰函》成立意思表示，且该意思表示因到达乙公司而生效。就丙公司而言，发生无意的意思与表示不一致，即错误，故丙公司享有撤销权，但撤销权已因90日除斥期间届满而消灭。

4. 处理方案一：此前，乙公司曾与丙公司交涉，可依意思表示解释，结合交涉内容，得出乙公司曾向丙公司作出请求其为甲公司的债务负责之意思表示的解释结论，该意思表示与丙公司的《安慰函》达成合意，丙公司须据此承担责任。处理方案二：在未能通过解释得出乙公司此前曾向丙公司作出上述意思表示的情况下，可以类推适用《民法典》第552条关于债务加入之规定或者第685条第2款关于保证合同之规定，认定丙公司因法律行为而承担责任。

单元练习十：法律行为的成立与生效

一、单项选择题

D C B D C；B C D

二、多项选择题

BC；CD；ACD；AD；BC；

三、辨析题

1. 错。不符合生效要件的法律行为可能具有形式约束力，如可撤销法律行为对于撤销权人虽无形式约束力，但对于相对人则有形式约束力，再如，待批准的法律行为虽不具备特别生效要件，但具有形式约束力。

2. 对。

3. 错。欠缺行为能力未必导致法律行为无效，限制行为能力人实施的超出其行为能力范围且并非纯获益的法律行为效力待定。

4. 错。法律行为的形式瑕疵可以因实际履行得以补正，不能因追认得以补正。

5. 错。某些法律行为虽符合全部一般生效要件，但欠缺特别生效要件的，不能完全、确定地发生效力，如未经批准的法律行为、附停止条件法律行为。

四、简答题

1. 依通说，法律行为的效力状态包括：（一）生效（有效），即完全、确定地发生效力；（二）无效，即当然、确定无效；（三）效力待定；（四）可撤销；（五）相对不生效。

2.（一）附停止条件法律行为以条件成就为特别生效要件。（二）附始期法律行为以始期届至为特别生效要件。（三）遗嘱以遗嘱人死亡为特别生效要件。（四）须经批准的法律行为以主管机关的批准为特别生效要件。（五）处分权是处分行为的特别生效要件。

3.（一）实践（要物）合同，以交付为特别成立要件。包括：（1）保管合同自保管物交付时成立；（2）自然人之间的借款合同自借款交付时成立；（3）定金合同自定金交付时成立。（二）结婚行为与协议离婚行为，以婚姻登记之官方行为为特别成立要件。（三）要式法律行为以采用特定形式为特别成立要件。

4.（一）法律行为成立后，即发生约束力。（1）此处所谓约束力是指当事人不得单方面任意以撤销、撤回或者解除等方式使法律行为消灭，可称之为形式约束力。（2）与之不同的是法律行为的效力，即法律行为欲发生的具体法律效果，如债权债务关系的发生、所有权移转等。（二）（1）通常，一项存在效力障碍的法律行为依然具有形式约束力，但法律行为因违反禁止性法律规范或者违背公序良俗而确定无效的除外。（2）附停止条件法律行为、附始期法律行为在成立后虽未生效，但已经产生形式约束力。须经批准的法律行为在获得批准前也具有形式约束力。

五、论述题

（一）法律行为的生效要件可分为一般生效要件与特别生效要件。（二）一般生效要件是指任何法律行为完全、确定地发生效力应具备的要件。具体包括：（1）当事人具备相应行为能力。严格地说，无行为能力人实施的法律行为不成立。不过，现行法将其规定为无效法律行为，未尝不可。法律行为既然不成立，则不可能发生效力。限制行为能力人实施的法律行为可能超出其意思能力范围，须由其法定代理人的意思能力予以补足。所以，该法律行为不能确定地发生效力。现行法规定该法律行为效力待定。(2) 意思表示健全。所谓意思表示健全是指意思表示无瑕疵，即意思表示须真实且自由。意思表示真实即意思与表示一致，或者说表意人赋予表意符号的主观意义与通过解释确定的表示意义一致；意思表示自由即表意人未受欺诈、胁迫。意思表示不健全通常导致法律行为可撤销。(3) 法律行为内容不违反强制性法律规范且不违背公序良俗。法律行为是实现私法自治的工具，私法自治有其禁区。此项禁区由强制性法律规范与公序良俗划定。(三) 某些法律行为除须符合一般生效要件之外，还须符合特别生效要件才能发生效力。具体言之，附停止条件法律行为以条件成就为特别生效要件；附始期法律行为以始期届至为特别生效要件；遗嘱以遗嘱人死亡为特别生效要件；须经批准的法律行为以主管机关的批准为特别生效要件；处分权是处分行为的特别生效要件。

六、案例分析题

1. 乙无权请求。理由：一方面，自然人之间的借款合同是实践合同，自借款交付时成立，在此之前，合同尚未成立，乙自然没有请求权；另一方面，甲、乙既然约定采用合同书形式订立借款合同，则合同应当自双方都签章时才成立，甲未签章，所以合同未成立，乙没有付款请求权。

2. 甲的转账行为在民法上有双重意义。一方面，甲此前未在合同书上签字，意味着甲尚未作出同意订立借款合同的意思表示，其转账行为构成默示承诺，与乙体现在合同书中的借款要约达成合意。另一方面，甲、乙约定采用合同书形式订立借款合同，表明该借款合同属于意定要式合同，甲未签字，意味着其尚未以合同书的形式作出意思表示；依据《民法典》合同编的有关规定，甲的转账行为系以实际履行的方式满足了意思表示的形式要求，相当于作出了一个要式的意思表示。

3. 甲无须承担违约责任。理由：借款合同因甲的实际履行而成立，成立的时间为 6 月 25 日，合同自此发生效力，所以合同书中关于 6 月 1 日的履行期条款不发生效力，甲未构成履行迟延。

4. 质押合同自乙交付瓷瓶时成立。理由：质押合同是要式合同，须采用书面形式，甲、乙虽口头约定质押瓷瓶，但未订立书面质押合同，故合同未成立，6 月 26 日，乙交付了瓷瓶，以实际履行的方式补正了质押合同的形式瑕疵，合同自此时成立。

5. 质押合同有效。如果丙追认，则甲取得质权。理由：质押合同是负担行为，不以出质人享有处分权为生效要件，所以乙虽非瓷瓶所有权人，但质押合同仍然自成立时发生效力。与此不同，从质物交付行为中推断出来的质权设立合意属于处分行为，以出质人享有处分权为特别生效要件，乙非所有权人，欠缺处分权，故构成无权处分，处分行为效力待定。鉴于甲当时并非善意，所以，仅在所有权人丙追认的情况下，甲才能取得质权。

单元练习十一：法律行为的效力障碍

一、单项选择题

D C C D B；B B C A C；D B C D C；B A A

二、多项选择题

ABD；ABCD；BC；BCD；CD；BCD；ABD；ABC；ABD；ABC；ABCD；ACD；BCD；ABD；ABC

三、辨析题

1. 错。法律行为部分内容无效的，须进行解释，依假定的当事人意思确定究竟是否影响其他部分内容的效力，若影响，则法律行为整体无效。

2. 对。一般情况下，欺诈导致法律行为可撤销，但遗嘱例外，欺诈导致无效。

3. 错。某些法律行为虽违反法律、行政法规强制性规定，但并非无效，究竟应否认定无效，须考察强制性规定的规范目的、规范重心，据此认定法律行为的效力。

4. 错。此为旧学说。依新学说，处分行为引起的权利变动亦有可能损害伦理秩序，违背公序良俗，从而无效。此外，负担行为违背公序良俗的，为履行该负担行为之义务而实施的处分行为，亦可能构成情势背俗，从而无效。

5. 错。取决于物权变动规范模式，如果采用物权行为无因原则，且仅负担行为无效，则不发生物权请求权，仅发生不当得利请求权；

反之，如果采用物权行为有因原则，则负担行为无效导致处分行为无效，受让人不能取得所有权，让与人对其享有物权请求权。

6. 对。在等待批准期间，法律行为并非无效，最终是否生效，取决于行政机关是否批准，所以效力待定。

7. 错。追认权人既可以向相对人表示追认，也可以向表意人（限制行为能力人、无权代理人）表示追认。

8. 错。在获得追认之前，只有善意相对人才有权撤销。

9. 错。原则上不得附条件或者附期限，但有例外，如继续性合同的终止行为可以附期限。此外，《民法典》第565条第1款亦允许解除权的行使附条件。

10. 错。不可一概而论，"任意条件"如"甲方下个月回国"虽取决于一方当事人的自由意志，但仍为真正的条件；反之，"意愿条件"以一方当事人的意思表示为条件，并非真正的条件。

四、简答题

1. （一）无效法律行为转换是指一项无效法律行为符合另一项有效法律行为的要件，使其发生后者之效力。（二）适用前提：（1）系争法律行为本应无效，既包括狭义无效，比如法律行为违反禁止性法律规定，也包括法律行为被撤销或者变成确定无效；（2）替代行为在效果上不能超越无效法律行为拟发生之效果，也即前者的效果应当弱于后者的效果；（3）假如各方当事人在缔结法律行为时知道原定法律行为无效，则其应该愿意缔结替代行为并使其发生效力。

2. （一）相对人为善意，此处善意是指相对人不知道表意人欠缺行为能力或者代理权，对此是否有过失，在所不问。（二）法定代理人或者被代理人尚未追认。（三）相对人尚未作出催告。

3. （一）客观要件，即双方当事人的给付对价关系明显失衡，显失公平规则仅适用于有偿法律行为，不适用于无偿法律行为。（二）主观要件，包括两个方面：其一，一方当事人处于危困状态、缺乏判断能力等情形；其二，另一方当事人故意利用此类情形。

4. （一）撤销权因除斥期间届满而消灭。（1）除斥期间届满，除斥期间通常为一年，重大误解情形中的撤销权除斥期间为九十日，最长除斥期间为五年，起算点为民事法律行为发生之日；（2）撤销权人在除斥期间届满前未行使撤销权的，撤销权消灭。（二）撤销权因放弃而消灭。（1）放弃是单方法律行为，由撤销权人单方作出放弃权利的意思表示；（2）该意思表示可以是明示的，也可以是默示的；（3）放弃意思表示须在撤销权人知道撤销事由之后作出。

5. （一）条件是未来的不确定事实。（二）条件具有意定性，如果法律规定法律行为的生效以特定事实为前提，则不构成条件。（三）构成条件的事实不包括一方当事人的意思表示，将一方当事人的意思表示约定为法律行为之条件者，属于学理上所谓意愿条件，通说认为其并非真正的条件。（四）法律行为条件须为法律行为生效与否的前提。

6. （一）条件成就的法律效果原则上无溯及力，附生效条件法律行为于条件成就时发生效力，附解除条件法律行为于条件成就时丧失效力。（二）当事人的权利能力、行为能力、善意与否等影响法律行为成立或者生效的人格因素仍以法律行为缔结之时而非以条件成就之时为判断时点。（三）解除条件成就的具体效果：（1）如果基于法律行为形成了继续性债务关系，则解除条件成就导致继续性债务关系终止；（2）如果基于法律行为形成了非继续性债务关系，则解除条件成就时，债务关系消灭，同时发生清算关系，已经作出给付的当事人享有不当得利返还请求权，不享有所有物返还请求权。

五、论述题

1. （一）公序良俗与法律行为效力的关系。私法自治的禁区不仅由强制性法律规定划定，公序良俗也是私法自治的界限。因此，不但违反强制性法律规定的法律行为无效，违背公序良俗的法律行为也应受到否定评价。（二）对公序良俗的违背方式。其一，内容背俗，即法律行为的内容违背公序良俗；其二，情势背俗，即法律行为的客观内容本身并不违背公序良俗，但当事人实施该法律行为的方式、目的、动机违背公序良俗，情势背俗并不必然导致法律行为无效。（三）违背公序良俗的主要情形。（1）违背性道德，如"包养"合同；（2）违背家庭伦理，如代孕合同；（3）违背职业道德，如刑事案件风险代理合同；（4）服务于犯罪或者违法行为的法律行为，如赌场内的借款合同；（5）过度限制自由，如旨在限制前妻再婚的财产给与合同；（6）以高度人身性给付为标的之交易，如"封口费"合同；（7）旨在干扰公权力行使或者破坏公平竞争秩序之交易，如请托办事合同；（8）违背行政规章、地方性法规中蕴含的公序良俗。（四）关于处分行为违背公序良俗。传统理论认为，处分行为在伦理（价值）上为中性，所以不至于因违背公序良俗而无效。不过，此种观点是否妥当，有待推敲。弗卢梅曾提到，很多学者认为，关键的问题是，处分行为旨在引起的权利变动是否因违背善良风俗而不能得到认可，如果该权利变动涉及第三人利益或者公众利益，则处分行为因违反善良风俗而无效。这种新观点值得肯定。

2.（一）法律行为无效情形中的物权请求权。（1）以让与物权为给付内容的法律行为无效的，如果民法采用物权行为无因原则，仅负担行为无效，处分行为有效的，受让人取得物权，让与人只能向受让人请求返还不当得利，即请求受让人将所取得的物权依处分行为再转让给让与人。（2）如果民法不采用物权行为无因原则，法律行为无效的，受让人未取得物权。①如果让与的是不动产物权，受让人被登记为物权人，构成错误登记，让与人享有更正登记请求权。受让人不仅被登记为物权人，而且已经占有不动产的，构成无权占有，让与人对受让人享有所有物返还请求权或者类似的物权请求权。②如果让与的是动产物权，受让人构成无权占有，让与人对受让人享有所有物返还请求权或者类似的物权请求权。此外，与所有物返还请求权相关的还有所有人—占有人关系中的请求权，涉及收益返还、费用偿还以及损害赔偿等问题。（二）法律行为无效情形中的不当得利返还请求权。如果一方当事人已经作出的给付是提供劳务或者容忍对方当事人使用标的物，则对方当事人只能返还不当得利；如果一方当事人已经作出的给付是支付金钱，则对方当事人通常也仅负担不当得利返还义务；如果一方当事人已经作出的给付是交付普通动产，对方当事人已经消费了该动产，从中获得利益，则对方当事人也负担不当得利返还义务。（三）法律行为无效情形中的缔约过失责任。依据《民法典》第157条第2句之规定，法律行为无效的，有过错的一方应当赔偿对方由此所受到的损失。此处损害赔偿责任包括缔约过失责任。

六、案例分析题

案例一：

1.《股权转让合同》在订立后的8个月内，效力待定且可撤销。理由：一方面，合同涉及国有资产转让，须经主管机关批准，在等待批准期间，尚未生效，最终可能因获得批准而生效，故效力待定；另一方面，在缔约过程中，甲公司的谈判助理欺诈了丙公司，此为相对人欺诈而非第三人欺诈，虽然当时甲公司负责人不知情，但仍导致合同可撤销。效力待定与可撤销这两种效力障碍重叠。

2.《股权转让合同》无效且可撤销。理由：主管机关既然已经作出不予批准的决定，则法律行为效力待定状态结束，确定无效；此外，如前所述，该合同系因甲公司欺诈而订立，所以丙公司享有撤销权。此为"无效法律行为可撤销"之现象，有时，行使撤销权对受欺诈方更为有利，比如在损害赔偿责任方面。

3. 关于预付款的约定有效。理由：虽然《股权转让合同》的本体未获批准，但关于预付款的约定具有独立性，属于双方当事人对缔约程序性问题的特殊安排，可以独立发生效力。

4. 丙公司对甲公司享有预付款返还请求权以及资金占用费请求权，还享有缔约过失之损害赔偿请求权。理由：一方面，预付款约定有效，《股权转让合同》最终未获批准，按照约定处理即可；另一方面，合同未获批准，系因甲公司怠于履行报批义务所致，该义务是缔约阶段甲公司依法负担的义务，违反该义务属于缔约过失，须承担赔偿责任。

5. 《股权转让合同》在等待批准期间，效力待定，在确定不能获得批准时无效。理由：丙公司虽因受欺诈而享有撤销权，但其知道撤销事由后依然督促甲公司尽快报批以便使合同生效，从该举动可推断出丙公司有放弃撤销权之意，故其撤销权因被默示放弃而消灭。

案例二：

1. 酸奶买卖合同无效。理由：酸奶已过保质期，食品公司对生产日期造假后予以销售，买卖合同违反《食品安全法》有关强制性规定，依此项规定之规范目的，应认定合同无效。

2. 超市没有撤销权。理由：一方面，食品公司虽虚构酸奶未过保质期之事实，但当时超市老板知道酸奶已过保质期，并未因受欺骗而陷入错误，不构成受欺诈而为意思表示；另一方面，超市老板以为这批酸奶能够顺利转售，从而购买，但结果却转售不顺，这属于一般的动机错误，不构成重大误解，所以合同不可撤销。

3. 无权请求超市老板承担违约责任。理由：关于3万元保密费（封口费）的约定违背公序良俗，无效，不产生合同义务，从而不可能发生违约责任。

4. 食品公司无权请求超市返还酸奶或者折价补偿。理由：酸奶买卖合同无效，由于不采用物权行为无因原则，所以酸奶虽已交付，但超市未取得所有权，食品公司作为所有权人对超市享有所有物返还请求权，但在酸奶因过期被市监局依法收缴后，超市丧失占有，返还不能，食品公司的所有物返还请求权消灭。此外，由于酸奶返还不能系因行政执法行为所致，超市对此并无过错，所以超市无须以折价补偿的方式对食品公司予以赔偿。

5. 应由食品公司与超市分担责任。理由：双方之间的买卖合同因违法而无效，对此，双方在缔约过程中皆明知合同存在无效事由而依然订立合同，对于合同无效之结果，双方皆有过错，所以应分担责任。

单元练习十二：法律行为的归属

一、单项选择题

D C A D C；B C A B C；D C A A B；C B

二、多项选择题

ABC；CD；BD；AD；ABC；ACD；AC；ABD；CD；ABC；BC；ABC；

三、辨析题

1. 错。在无权代理情形中，如果构成表见代理，则法律行为归属于被代理人，发生效力的，被代理人需要承担义务；即便不构成表见代理，被代理人有时也须向相对人或者代理人承担赔偿责任。

2. 错。容忍代理本来就是表见代理的一种类型，《民法典》虽未专门规定，但可以将其纳入第172条表见代理规则中予以处理。

3. 错。符合表见代理构成要件的法律行为归属于被代理人，但如果存在无效或者可撤销事由且被撤销，则仍然不能发生效力。

4. 错。无权代理人承担债务履行责任需要符合若干要件，除相对人善意之外，还要求代理人明知欠缺代理权、被代理人拒绝追认、法律行为没有其他效力障碍等。

5. 错。无权代理人对恶意相对人亦须承担损害赔偿责任，但应适用过失相抵规则予以减免责任。

6. 错。自己代理或者双方代理的法律行为效力待定，而且，在若干例外情形中，法律行为确定有效。

7. 错。通常有原因行为，但有时在尚无原因关系的情况下，亦可实施代理权授予行为，尤其是外部授权。

8. 对。

9. 错。法人、非法人组织也可以成为代理人。

10. 对。

四、简答题

1. 代理关系表现为三角结构，存在三组关系。（一）代理人与被代理人之间的关系，即代理权关系，代理人借助代理权将法律行为归属于被代理人，此为代理的内部法律关系。（二）被代理人与相对人之间的关系，代理人实施的法律行为在被代理人与相对人之间发生效力，由此形成的权利义务关系是代理的外部法律关系。（三）代理人与相对人之间的关系，在无权代理情形中，代理人须向相对人承担的责任。

2. （一）代理人须独立对外实施法律行为。（二）代理具有公开性，也可以称为代理的显名性，即代理人必须以被代理人的名义实施法律行为。（三）代理事项的容许性，绝大多数法律行为都可以适用代理，但个别类型的法律行为不适用代理，只能由当事人自己为之，如结婚、收养等。

3. （一）代理人作出的意思表示可能因错误、欺诈、胁迫等原因存在瑕疵，究竟是否存在此类瑕疵，原则上应以代理人为准予以判定。（二）如果意思瑕疵存在于被代理人身上，则仅在如下两种情形中才可能影响法律行为的效力：（1）被代理人在实施授权行为时存在错误、被欺诈或者被胁迫等情况；（2）代理人按照被代理人的特定指示实施法律行为，就指示内容，被代理人存在意思瑕疵。

4. （一）被代理人对自己代理或者双方代理表示同意或者追认。（二）对于被代理人而言纯获利益的法律行为可以进行自己代理或者双方代理。（三）专为履行债务而实施的法律行为也允许自己代理或者双方代理，因为此类法律行为只是为了使既存债务消灭，该债务本就应当履行，并未因法律行为的实施增加被代理人的负担，不存在利益冲突。

5. （一）主观要件。（1）相对人方面的主观要件，相对人须为善意；（2）无权代理人方面的主观要件，无权代理人须明知道欠缺代理权。（二）客观要件。（1）被代理人拒绝追认无权代理行为；（2）无权代理人实施的法律行为除欠缺代理权之外不因其他事由而不生效力，其他事由如法律行为违反禁止性法律规范或者违背公序良俗。

6. （一）无因管理关系。无权代理行为可能构成对被代理人的无因管理。构成正当无因管理的，无权代理人对被代理人享有费用偿还及损失补偿请求权。（二）代理权授予行为无效时的损害赔偿责任。如果因代理权授予行为无效或者被撤销导致代理行为构成无权代理，则无权代理人对于被代理人可能享有法律行为（代理权授予行为）无效情形中的损害赔偿请求权。（三）被代理人对无权代理人的追偿权。如果被代理人追认或者构成表见代理，从而须向相对人履行义务，则被代理人对有过错的无权代理人享有追偿权。

7. （一）概念："使用他人名义实施法律行为"是指某人在行为过程中未以文字、言语或者其他方式向相对人表明自己并非名义载体，而是刻意混淆自己与名义载体之身份，以实现自己的某种利益。（二）类型：（1）使用未特定化的他人名义实施法律行为；（2）借用他人名义实施法律行为，简称借名行为，如借名购房、担保物权借名登记、借名持股（代持股）等；（3）冒用他人名义实施法律行为，简称冒名行为，如冒名处分不动产、冒名实施假按揭。

五、论述题

（一）民法对代理权的行使设置了若干限制，包括自己代理与双方代理之禁止、代理权滥用之规制。（二）自己代理与双方代理。(1) 概念。自己代理是指代理人自己与被代理人实施法律行为；双方代理是指代理人同时代理双方当事人实施法律行为。由于同时代表双方当事人的利益，可能发生利益冲突，所以二者被法律所禁止。（2）自己代理与双方代理适用的前提是代理人同时代表两个当事人作出对向的意思表示，如买卖合同中的两个意思表示。如果代理人同时代表两个当事人作出平行的意思表示，则不构成自己代理或者双方代理，如甲、乙共同向丙租房，甲自己在合同上签名，同时代理乙签名，不构成自己代理。（3）例外。自己代理与双方代理禁止之规则存在例外：其一，被代理人同意或者追认；其二，对于被代理人而言纯获利益的法律行为可以进行自己代理或者双方代理；其三，专为履行债务而实施的法律行为也允许自己代理或者双方代理。（4）法律效果。从本质上看，自己代理或者双方代理禁止之规则是对代理权的法定限制，违反此种限制的代理行为属于越权代理，应当按照无权代理规则处理。（三）代理权滥用。（1）概念。所谓代理权滥用，是指代理人虽在代理权范围内实施法律行为，但其代理行为违背诚信、善良风俗或者内部关系上的义务，给被代理人造成损害。（2）类型。其一，串通代理：代理人与相对人恶意串通实施损害被代理人利益的代理行为，因违背公序良俗而无效。其二，代理权的行使违反内部约束：就应当采用无因原则的外部授权而论，代理人违反内部约束行使代理权，仍为有权代理。不过，如果相对人明知道代理人违反内部约束而仍然与其实施法律行为，则相对人不值得保护，应当认定为代理权滥用，准用无权代理规则，法律行为效力待定。

六、法条解释（评注）题

（一）规范意旨。本条规定表见代理，表见代理是一种特殊的无权代理。（二）构成要件。表见代理须具备无权代理的一般构成要件，此外，构成表见代理还需要符合特别要件。具体包括：（1）存在代理权表象。代理权表象是一种状态，该状态可能使相对人产生信赖，认为代理人享有代理权。代理权表象以某些事实为基础，比如代理人持有代理权证书、公司印章等凭证，或者在被代理人为单位的情况下,代理人在其中承担某种通常包含代理权的职务。(2)被代理人方面的要件。被代理人须具有可归责性。对此,存在过错归责与风险归责之理论分歧。依风险原则,表见代理不必以被代理人有过错作为构成要件,只要代理权表象是由其风险范围内的因素造成的即可。可以对此项风险原则予以具体化,考察如下因素以决定是否由被代理人承担代理权表象之风险:其一,被代理人是否制造了不必要的风险;其二,被代理人与相对人相比,谁更容易控制产生代理权表象之风险;其三,由哪一方承担风险更符合公平原则。(3)相对人方面的要件。相对人须对代理权表象产生信赖且不存在过失,即相对人是善意的。此处过失应指轻过失。(三)法律效果。(1)构成表见代理的,代理人实施的法律行为归属于被代理人,该法律行为不存在无效事由且未被撤销的,对被代理人发生效力,由被代理人享有权利、承担义务。(2)如果因被代理人的某种明示或默示的表示行为或其他行为造成授权表象,在构成表见代理后,被代理人可否主张其行为构成意思瑕疵,从而撤销该行为,借此消除表见代理的效果?对此,存在可撤销说、不可撤销说与折中说。可取的观点是,在代理行为已经实施的情况下,撤销权的行使不影响代理权表象责任的成立。(四)证明责任。关于代理权表象之存在,应由相对人证明;关于被代理人的可归责性,应由被代理人证明代理权表象系因其风险范围外的因素导致;关于相对人是否善意,应由被代理人证明相对人并非善意。

七、案例分析题

案例一:

1. 没有代理权。理由:沈某已经离职,甲公司未再授予其代理权,其伪造授权书的行为不构成甲公司的授权行为。

2. 买卖合同可以归属于甲公司。理由:沈某虽为无权代理,但其持有的授权书构成代理权表象,乙公司产生善意信赖,构成表见代理,甲公司应承受合同。

3. 有权撤销。理由：乙公司订立合同时实施欺诈，欺诈代理人等同于欺诈被代理人甲公司，受欺诈方享有撤销权。

4. 损害赔偿请求权。理由：因构成表见代理使甲公司承受一份非其所欲的合同，由此遭受损害的，该损害系因沈某的无权代理行为导致，沈某须承担侵权责任。

案例二：

1. 郑某一方面代表乙公司，另一方面代理甲公司，订立设备买卖合同，相当于双方代理。

2. 买卖合同效力待定。理由：双方代理须经双方被代理人同意或者追认，仅甲公司事先同意，尚不能导致买卖合同对乙公司发生效力，仅在乙公司基于股东会决议或者董事会决议表示追认的情况下，才能对乙公司发生效力。

3. 甲公司没有撤销权。理由：双方代理的法律行为效力待定，应类推适用《民法典》关于无权代理的规定。据此，在法律行为得到被代理人追认之前，善意相对人享有撤销权，但本案相对人甲公司事先已经知道郑某实施了双方代理，所以甲公司并非善意相对人，不享有撤销权。

4. 甲公司享有追认权。理由：乙公司股东会作出决议同意，弥补了双方代理的乙公司这方面的缺陷，买卖合同相对于甲公司效力待定，甲公司可以行使追认权，使合同发生效力。

5. 乙公司对甲公司享有物权请求权（所有物返还请求权）。理由：在问题4的前提下，买卖合同相对于甲公司而言，类似于无权代理，甲公司作为被代理人，决定不追认的，合同确定不发生效力。此种情况下，甲公司固然违反先合同义务，但相对人乙公司明知郑某未获得甲公司同意而实施双方代理，属于受害人故意，依过错相抵规则，甲公司无须对其承担损害赔偿责任。此外，由于设备已经交付甲公司，所有权却因法律行为确定无效而未发生变动，所以，乙公司作为设备所有权人对于无权占有设备的甲公司享有所有物返还请求权。

单元练习十三：权利救济

一、单项选择题

D A D B C；D C B C A

二、多项选择题

AB；ACD；ABD；BC；ABD

三、辨析题

1. 错。自助行为只能用于保障请求权的实现，不能用于保护所有权免受侵害，后者只能通过正当防卫或者紧急避险来实现。

2. 对。

3. 错。对于无过错的不法侵害行为，可以进行正当防卫，但应谨慎为之。

4. 错。人身权受侵害，也能发生治疗费、误工费等财产损害赔偿责任。

5. 对。

四、简答题

1. （一）以原权利性质为准的分类：物权请求权、知识产权请求权、人格权请求权、身份权请求权等。（二）以请求权内容为准的分类：排除妨害请求权、消除危险请求权（妨害防止请求权）、返还原物请求权。

2. （一）概念：正当防卫，是指为使自己或者他人免于遭受正在发生的不法侵害而对加害人的人身或者财产施加必要的侵害。（二）构成要件：（1）防卫人或者他人的权益正在遭受侵害，侵害必须具有现时性，即侵害已经开始且尚未结束；（2）防卫行为所针对的侵害是不法的，合法侵害行为的受害人（如犯罪嫌疑人）或者第三人不得进行防卫；（3）防卫行为是必要的，如果防卫行为欠缺必要性，则该行为不构成正当防卫或者构成防卫过当。

3. （一）概念：紧急避险是指为避免自己或者他人的人身、财产权益因急迫危险而遭受损害，在必要限度内对他人权益施加侵害，包括防御性紧急避险与攻击性紧急避险。（二）构成要件：（1）避险人或者第三人面临急迫危险；（2）避险行为为防止危险所必要，如果存在其他更为合适的措施可以避免损害，则避险人采取的避险措施不构成紧急避险；（3）避险造成的损害与危险可能造成的损害合乎比例。

4. （一）紧急避险阻却避险人侵害行为的违法性，所以避险人无须为其行为承担侵权责任。（二）对于紧急避险行为给受害人造成的损害，应由引起险情发生的人承担民事责任。（三）险情由野兽攻击、山洪暴发等自然原因引起的，避险人对受害人不承担侵权责任；依据《民法典》第182条第2款的规定，避险人可以给予受害人适当补偿；此外，受害人对受益的避险人或者第三人享有不当得利返还请求权。

5. （一）存在可行使的请求权，如果请求权因义务人享有诉讼时效抗辩等权利阻碍抗辩而不能行使，则权利人不得通过自助行为实现请求权。（二）权利人来不及寻求公力救济。（三）不实施自助行为将导致请求权的实现落空或者变得极其困难。（四）行为人采取的措施适当，可以根据情况对义务人采取暂时限制人身自由、扣留财物、取走财物、毁损财物等措施。

五、论述题

（一）救济性请求权包括基于绝对权的请求权与损害赔偿请求

权。关于前者与民事责任的关系，存在"一元说"与"二元说"之争。"一元说"试图把基于绝对权的请求权纳入民事责任范畴，作为民事责任（侵权责任）的一种形式；"二元说"则坚持认为基于绝对权的请求权与民事责任是两种相互独立的权利救济请求权。二元说更为合理，基于绝对权的请求权与民事责任在制度传统与构成要件等方面存在诸多不同。（二）基于绝对权的请求权，亦称绝对权请求权。（1）概念：是指物权、人格权、知识产权等绝对权的圆满状态因他人的侵害、干扰而不复存在时，权利人请求该他人为或者不为一定的行为，使权利恢复圆满状态的权利。（2）类型：其一，以原权性质为准，可以分为物权请求权、知识产权请求权、人格权请求权、身份权请求权等。其二，以权利内容为准，可以分为排除妨害请求权、消除危险请求权、返还原物请求权。（三）损害赔偿请求权。（1）类型：侵权损害赔偿请求权、债务不履行损害赔偿请求权及特别损害赔偿请求权，后者如所有人—占有人关系中的损害赔偿请求权、相对人对无权代理人的损害赔偿请求权等。（2）归责原则：包括过错原则与无过错原则。（3）赔偿目标：依差额说，损害是指损害事件发生前与损害事件发生后受害人利益状态的负差额，损害赔偿的目标是使受害人的利益状态恢复到损害事件发生前的状态。（4）赔偿方式：本来意义上的损害赔偿是恢复原状，具体方式包括修复（也包括治疗）与购买替代物；受害人也可以自己修复或者购买替代物并请求致害人赔偿为此支出的费用；仅当不能恢复原状（如特定物灭失）或者恢复原状费用显然过高时，才例外地适用价值赔偿。但我国民法就财产权损害赔偿，以价值赔偿为原则。此外，就债务不履行责任而论，须赔偿的主要是履行利益损失，赔偿方式是金钱赔偿。

六、案例分析题

1. 乙的行为构成紧急避险。理由：乙面临被狗扑咬的急迫危险，为避免被咬，跳跃躲闪，符合紧急避险的构成要件。

2. 丙的行为不构成正当防卫。理由：正当防卫须针对不法侵害行为，乙跳跃躲闪行为构成紧急避险，阻却违法性，所以并非不法侵害行为，丙不得对此进行正当防卫。

3. 丙应对乙承担损害赔偿责任。理由：丙欲避免的损害是一袋鸡蛋破碎，其避险行为造成的损害是乙被踹伤和摔伤，二者显然不成比例，所以不构成紧急避险，丙不能因此免除对乙的侵权责任。

4. 丁对丙享有侵权损害赔偿请求权。理由：丙把乙踹飞，导致乙落地时压伤了丁，丁的健康权受到侵害。该侵害结果系由丙的踹人行为造成，如同丙踢飞足球撞伤他人，且丙的行为不符合紧急避险构成要件，所以具有违法性，构成对丁的侵权行为。

5. 丁对乙享有侵权损害赔偿请求权。理由：乙的跳跃躲闪行为虽构成紧急避险，可以免责，但狗扑咬之险情系由乙引发，依据《民法典》规定，应由引发险情的乙对受害人承担责任。据此，乙引发险情的行为构成对丁的侵权行为，该侵权行为与丙踹人行为共同导致丁的损害，所以丁对乙享有侵权损害赔偿请求权。

单元练习十四：权利的时间维度

一、单项选择题

B D C D D；B C A D C；B D B A A

二、多项选择题

ABC；ABD；ABC；ACD；ABD；AD；BCD；BD；ACD；BC

三、辨析题

1. 错。诉讼时效期间届满只能使义务人取得抗辩权，不能使占有他人之物的返还义务人取得所有权，所以无法弥补未规定取得时效的缺陷。

2. 错。诉讼时效利益的预先放弃无效，但诉讼时效期间届满后，义务人取得抗辩权，其可以放弃此项利益。

3. 错。绝大多数物权请求权不适用诉讼时效，但未登记动产物权之权利人的返还原物请求权适用诉讼时效。

4. 错。诉讼时效抗辩是须主张的抗辩，法官不得依职权主动适用。所以，诉讼中，如果被告没有援引诉讼时效抗辩，则法官不应因债权时效期间届满而判决原告败诉。

5. 错。同意履行构成诉讼时效抗辩的默示放弃，应根据义务人的行为予以合理推断，义务人仅同意履行部分债务，只能推断其放弃该部分债务而非全部债务的诉讼时效抗辩。

6. 错。主债权诉讼时效期间届满，仅影响抵押权和依登记设立之权利质权的实现，并不导致动产质权、留置权等担保物权不可实现。

7. 错。仍有个别请求权的诉讼时效期间之起算例外采用客观标准，如海难救助费用请求权、海上保险合同的保险金请求权。

8. 错。约定同一债务分期履行的，诉讼时效期间统一自最后一期履行期限届满之日起算。

9. 对。

10. 错。如果中断事由涉及起诉等纠纷解决程序，则诉讼时效期间自此类程序终结时才重新起算，而非立即重新起算。

四、简答题

1. （一）停止侵害请求权、排除妨碍请求权、消除危险请求权。（二）不动产物权和登记的动产物权之权利人的返还原物请求权。（三）扶养费（包括赡养费和抚养费）请求权。（四）人格权人的消除影响、恢复名誉、赔礼道歉请求权。（五）存款本息支付请求权。（六）兑付国债、金融债券以及向不特定对象发行的企业债券本息请求权。（七）基于投资关系产生的缴付或者返还出资请求权。

2. （一）权利人向义务人提出履行请求。（二）义务人同意履行。（三）权利人提起诉讼或者申请仲裁。（四）与提起诉讼或者申请仲裁具有同等效力的情形，如申请支付令、申请破产、申报破产债权、为主张权利而申请宣告义务人失踪或者死亡等。（五）权利人向人民调解委员会以及其他依法有权解决相关民事纠纷的国家机关、事业单位、社会团体等社会组织提出保护相应民事权利的请求。（六）债权转让的，应当认定诉讼时效从债权转让通知到达债务人之日起中断；债务承担情形下，构成原债务人对债务承认的，应当认定诉讼时效从债务承担意思表示到达债权人之日起中断。

3. （一）因不可抗力导致权利人暂时不能行使权利。（二）权利人或者义务人欠缺法定代理人。（三）权利人或者义务人的继承人或者遗产管理人未定。（四）权利人被义务人或者其他人控制，既包括被限制自由，也包括以其他方式阻碍权利行使。（五）其他障碍，例如权利人因患传染病而被隔离,或者义务人被权利人以外的人控制,导致权利人不能及时向其行使请求权。

4. (一)诉讼时效期间是可变期间,可以中断、中止、延长,除斥期间则是不变期间,不能中断、中止、延长。(二)诉讼时效期间届满导致抗辩权发生,请求权不消灭,除斥期间届满则导致权利消灭。(三)诉讼时效不得由法官主动适用,而除斥期间则应由法官主动审查适用。(四)诉讼时效适用于请求权,除斥期间原则上适用于形成权,仅在例外情况下才适用于请求权,如占有物返还请求权。

5. 与提起诉讼或者申请仲裁具有同等效力的情形包括:申请支付令、申请破产、申报破产债权、为主张权利而申请宣告义务人失踪或者死亡、申请强制执行、申请诉前财产保全、申请诉前临时禁令等诉前措施、申请追加当事人或者被通知参加诉讼、在诉讼中主张抵销。(写出5种即可得满分)

五、论述题

(一)请求权的诉讼时效期间届满后,债权、物权等权利仍然存续,只是基于该权利的请求权之效力受到时效抗辩的阻却,而权利的其他效力不受影响。(二)就债权而论,诉讼时效期间届满后的债权具有如下效力:(1)罹于时效的债权具有受领力。诉讼时效期间届满后,义务人已经自愿履行的,不得请求返还。债权人受领义务人的给付,债权的受领力阻却不当得利的构成。(2)罹于诉讼时效的债权,可以作为被动债权被抵销。因为该债权的债务人主张抵销的,可认为其抛弃了时效利益,相当于债务人自愿履行罹于诉讼时效的债务。罹于诉讼时效的债权可否作为主动债权予以抵销,则存在理论争议。(3)关于罹于时效的债权的担保。首先,当事人可以为罹于时效的债权设立新的担保。其次,主债权罹于时效之后,债权人可否实现此前设立的担保权利,在我国民法上不可一概而论。①《民法典》第419条规定抵押权人应在主债权诉讼时效期间内行使抵押权,否则,依据司法解释规定,抵押人可以不承担担保责任,且可以申请涂销抵押权登记。②依登记设立之权利质权亦为如此。③与此不同，动产质权、依交付设立之权利质权、留置权等担保物权并未因主债权诉讼时效届满而不可实现。④主债权诉讼时效期间届满后，保证人享有主债务人的诉讼时效抗辩权。⑤在主债权诉讼时效期间届满的情况下，抵押人与抵押权人为实现抵押权依然达成关于折价、拍卖、变卖之协议的，抵押权人仍可据此实现抵押权，抵押人不得再以主债权诉讼时效期间已经届满为由主张不承担担保责任。

六、案例分析题

案例一：

1. 甲对乙享有侵权损害赔偿请求权与不当得利返还请求权。理由：乙将甲的动产当作自己的财产卖掉，所得价款据为己有，侵害了甲的动产所有权，构成侵权行为；乙实施了无权处分，取得对价，构成不当得利。

2. 甲对乙的侵权损害赔偿请求权与不当得利请求权的诉讼时效期间自 2021 年 3 月 2 日开始计算。理由：因甲为限制行为能力人，所以其虽于 2018 年 4 月 1 日知道乙的侵权与不当得利事实，但诉讼时效期间并不起算。2021 年 3 月 1 日，新的法定代理人丙得知乙实施的上述行为，甲的请求权诉讼时效期间起算。依据《民法典》第 201 条第 1 款，具体计算时，应以丙知道情况的下一日即 2021 年 3 月 2 日作为时效期间的起点。

3. 甲对乙的请求权诉讼时效期间已经届满，甲自己行使时，乙可以主张时效抗辩。理由：甲对乙的请求权诉讼时效期间自 2021 年 3 月 2 日开始计算，至 2024 年 3 月 1 日满 3 年，甲于 2024 年 6 月 16 日成年时，3 年诉讼时效期间已经届满。

4. 甲可以自己对丙行使损害赔偿请求权。理由：2021 年 3 月 1 日，丙得知乙实施的无权处分行为，其作为新监护人，有义务保护甲的权益，积极向乙主张甲的侵权损害赔偿请求权或者不当得利请求权,但丙徇私渎职,未行使该请求权,依据《民法典》第 34 条的规定,甲对丙享有损害赔偿请求权。由于取得该请求权时,甲为限制行为能力人,且义务人为其法定代理人,所以该请求权的诉讼时效期间自甲年满 18 周岁即法定代理关系终止时才起算,时效期间没有届满。

案例二:

1. 甲公司对乙公司的债权诉讼时效期间自 2021 年 2 月 21 日开始计算。理由:该债权履行期于 2021 年 2 月 20 日届满,依《民法典》及其司法解释的规定,合同债务的 3 年诉讼时效期间于约定的履行期届满之日起算,而依第 201 条第 1 款关于期间计算的规则,开始的第一日不计算在内,自下一日开始计算,所以应自 2021 年 2 月 21 日开始计算。

2. 甲公司对乙公司的债权诉讼时效期间在 2024 年 3 月 20 日届满。理由:2021 年 3 月 20 日,乙公司表示同意清偿 600 万元债务。依《民法典》的司法解释,此项部分履行承诺视为义务人同意履行,导致全部债务的诉讼时效中断,同时,诉讼时效期间重新起算,3 年期间计算至 2024 年 3 月 20 日。

3. 乙公司同意清偿 650 万元债务之表示导致其丧失 650 万元债务的诉讼时效抗辩。理由:2024 年 3 月 20 日,甲公司 1000 万元债权的诉讼时效期间届满,乙公司取得时效抗辩,次日,乙公司同意履行部分债务,相当于就该部分债务默示放弃时效抗辩。

4. 甲公司有权实现对国画的质权。理由:甲公司对乙公司的主债权诉讼时效期间虽已届满,但依《民法典》及其司法解释规定,动产质权的存续和行使不受主债权诉讼时效期间届满的影响。

5. 甲公司有权为 650 万元债权实现不动产抵押权。理由:2024 年 3 月 20 日,甲公司主债权诉讼时效期间届满,依我国《民法典》及其司法解释规定,抵押人丙公司本来可以拒绝承担担保责任,但次日主债务人乙公司同意履行 650 万元债务,导致乙公司对该部分债务丧失时效抗辩,依据"从随主"原则,抵押人的时效抗辩既然来源于主债务人的时效抗辩,则主债务人丧失时效抗辩的,抵押人自然也应丧失时效抗辩,结果是丙公司在650万元债务的范围内须承担担保责任。(附:我国民法规定主债权诉讼时效期间届满导致抵押人取得时效抗辩,这种规范模式本来就不合理,对有担保债权的保护力度不够,且与动产质权的规范模式存在评价矛盾,所以,在解释关于主债权诉讼时效期间届满对抵押权之影响的规范时,应当向债权人的利益倾斜。)

期末模拟卷（一）

一、单项选择题（每小题 1 分，共 10 分）

C D D A D；D B C B D

二、多项选择题（每小题 2 分，共 20 分）

ABC；ABCD；AD；ABC；ACD；ABC；CD；BD；ACD；ACD

三、辨析题（每小题 2 分，共 6 分）

1. 错。原则上，动机错误不导致法律行为可撤销，例外情况下，动机错误亦可导致法律行为可撤销，如交易上重要的性质错误、双方动机错误。

2. 错。善意的欺诈也是故意欺诈，干扰了表意人的决断自由，所以也导致法律行为可撤销。

3. 错。苹果仅在与果树分离后，才成为果树的孳息。

四、简答题（每小题 5 分，共 25 分）

1. （一）主观要件。（1）相对人方面的主观要件，相对人须为善意；（2）无权代理人方面的主观要件，无权代理人须明知道欠缺代理权。（二）客观要件。（1）被代理人拒绝追认无权代理行为；（2）无权代理人实施的法律行为除欠缺代理权之外不因其他事由而不生效力，其他事由如法律行为违反禁止性法律规范或者违背公序良俗。

2. （一）停止侵害请求权、排除妨碍请求权、消除危险请求权。

（二）不动产物权和登记的动产物权之权利人的返还原物请求权。（三）扶养费（包括赡养费和抚养费）请求权。（四）人格权人的消除影响、恢复名誉、赔礼道歉请求权。（五）存款本息支付请求权。（六）兑付国债、金融债券以及向不特定对象发行的企业债券本息请求权。（七）基于投资关系产生的缴付或者返还出资请求权。

3. （一）无须主张的抗辩，包括：（1）权利阻止抗辩，如法律行为违背公序良俗；（2）权利消灭抗辩，如债务已被清偿。（二）须主张的抗辩，即抗辩权，包括权利阻碍抗辩，如同时履行抗辩权、诉讼时效抗辩。

4. （一）概念：准法律行为包含了一项表示，行为人借此表达了一项意愿、观念、感情等心理活动，其法律效果直接由法律规定。（二）种类：（1）意思通知；（2）观念通知；（3）感情表示。

5. （一）存在胁迫行为，即表示给他人施加某种不利益，以迫使该他人作出违背真实意愿的意思表示。（二）胁迫行为具有违法性，包括目的违法或者不正当、手段违法、目的与手段之结合不正当。（三）胁迫与意思表示之间存在因果关系。（四）胁迫是故意的。

五、论述题（19分）

（一）民法对代理权的行使设置了若干限制，包括自己代理与双方代理之禁止、代理权滥用之规制。（二）自己代理与双方代理。（1）概念。自己代理是指代理人自己与被代理人实施法律行为；双方代理是指代理人同时代理双方当事人实施法律行为。由于同时代表双方当事人的利益，可能发生利益冲突，所以二者被法律所禁止。（2）自己代理与双方代理适用的前提是代理人同时代表两个当事人作出对向的意思表示，如买卖合同中的两个意思表示。如果代理人同时代表两个当事人作出平行的意思表示，则不构成自己代理或者双方代理，如甲、乙共同向丙租房，甲自己在合同上签名，同时代理乙签名，不构成自己代理。（3）例外。自己代理与双方代理禁止之规则存在例外：其一，被代理人同意或者追认；其二，对于被代理人而言纯获利益的法律行为可以进行自己代理或者双方代理；其三，专为履行债务而实施的法律行为也允许自己代理或者双方代理。(4) 法律效果。从本质上看，自己代理或者双方代理禁止之规则是对代理权的法定限制，违反此种限制的代理行为属于越权代理，应当按照无权代理规则处理。(三) 代理权滥用。(1) 概念。所谓代理权滥用，是指代理人虽在代理权范围内实施法律行为，但其代理行为违背诚信、善良风俗或者内部关系上的义务，给被代理人造成损害。(2) 类型。其一，串通代理：代理人与相对人恶意串通实施损害被代理人利益的代理行为，因违背公序良俗而无效。其二，代理权的行使违反内部约束：就应当采用无因原则的外部授权而论，代理人违反内部约束行使代理权，仍为有权代理。不过，如果相对人明知道代理人违反内部约束而仍然与其实施法律行为，则相对人不值得保护，应当认定为代理权滥用，准用无权代理规则，法律行为效力待定。

六、案例分析题（每小题 5 分，共 20 分）

1. 双方之间不成立法律行为，既不产生赠与合同债权债务关系，也未发生戒指所有权移转。理由：一方面，小北主观上具有订立赠与合同以及转让白金戒指的意思，但在当时的戏剧情景中，依据规范性解释，其举动并无约束意义（或者表示价值），不构成意思表示。另一方面，小纯在剧情中接受想象中的道具戒指的行为也欠缺约束意义（或者表示价值），不构成意思表示。

2. 双方之间发生赠与合同债权债务关系，交付后，白金戒指所有权移转于小纯。理由：小北有意将白金戒指赠与小纯，小纯当时明白此意，所以应当采用自然解释，以小北的真意为准确定其表示内容，结论是小北作出了将白金戒指赠与小纯的意思表示以及转让该戒指所有权的意思表示。小纯当时欣然接受，依规范性解释，鉴于小北当时察觉到小纯的一系列反应，应将小纯的举动解释为作出了同意接受赠与的意思表示以及受让白金戒指所有权的意思表示。

3. 双方之间不成立赠与合同，也不发生戒指所有权移转。理由：此处涉及有相对人的意思表示，且不存在例外，所以应进行规范性解释。在戏剧情景中，小纯应将小北的举动理解为在演戏，欠缺约束意义（或者表示价值），不构成意思表示。

4. 双方之间发生白金戒指赠与合同债权债务关系，交付后，白金戒指所有权移转于小纯。当然，小北构成意思表示错误，有权撤销赠与合同以及转让白金戒指所有权的处分行为。理由：小纯误以为小北想趁此机会用白金戒指求婚，不知小北真实意思是在演戏，应进行规范性解释，结合当时情景中的具体因素，即小纯已经看清被戴上的是白金戒指而非道具戒指，以及二人近日感情进展程度，处于其位置的理性人应将小北的举动理解为欲将白金戒指赠与自己，借此完成真实的求婚，小北误以为掏出的是道具戒指且自己是在演戏，欠缺表示意识，但其对此具有可归责性，所以小北的举动构成订立白金戒指赠与合同的意思表示以及转让白金戒指所有权的意思表示。小纯当时欣然接受，依规范性解释，小北当时本应察觉自己给小纯戴上的是白金戒指，所以小纯的举动应当解释为作出了同意接受白金戒指赠与的意思表示以及受让白金戒指所有权的意思表示。因此，双方之间成立白金戒指赠与合同，交付后，白金戒指所有权移转于小纯。当然，小北的意思表示内容与其真实意思不一致（欠缺表示意识、戏谑失败）且非故意造成，所以构成意思表示错误，小北对赠与合同以及转让白金戒指所有权的处分行为享有撤销权。

期末模拟卷（二）

一、单项选择题（每小题 1 分，共 10 分）

C A D B D；C B D B C

二、多项选择题（每小题 2 分，共 20 分）

BCD；ACD；CD；ACD；ABCD；BCD；BCD；AB；ABC；BD

三、辨析题（每小题 2 分，共 6 分）

1. 错。社会团体法人是非营利社团法人，除此之外，社团法人还包括有限责任公司、股份有限公司等营利社团法人。

2. 错。相对人的代理人、交易事务辅助人实施的欺诈，不是第三人欺诈，应当按照相对人欺诈处理。

3. 错。原则上不得附条件或者附期限，但有例外，如继续性合同的终止行为可以附期限。此外，《民法典》第 565 条第 1 款亦允许解除权的行使附条件。

四、简答题（每小题 5 分，共 25 分）

1.（一）监护人怠于履行监护职责导致被监护人的利益遭受损失时，监护人应承担损害赔偿责任。比如，未妥善看管导致被监护人的财产丢失。（二）监护人怠于履行监护职责导致被监护人侵害第三人权益，监护人应向第三人承担侵权损害赔偿责任。（三）监护人利用职权之便侵害被监护人的权益，应向被监护人承担损害赔偿责任。

2. （一）实践（要物）合同，以交付为特别成立要件。包括：（1）保管合同自保管物交付时成立；（2）自然人之间的借款合同自借款交付时成立；（3）定金合同自定金交付时成立。（二）结婚行为与协议离婚行为，以婚姻登记之官方行为为特别成立要件。（三）要式法律行为以采用特定形式为特别成立要件。

3. （一）真意保留，亦称单方虚伪表示，是指表意人虽作出意思表示，但内心有所保留，不希望依表示内容发生法律效果。（二）戏谑表示是指非出于真意且预期真意的欠缺不至于被人误解而作出的意思表示。（三）区别在于，真意保留是"恶意戏谑"，表意人未期望相对人认识到其表示欠缺真诚，毋宁说，表意人反而希望相对人未能识别其真意之保留；戏谑表示是"善意戏谑"，表意人预期相对人可以认识到其表示欠缺真诚。

4. （一）法律关系的要素即法律关系的组成部分，具体包括权利、义务、不真正义务、责任。（二）各要素的概念：（1）权利是指法律赋予民事主体的可以实现某种利益的意思力；（2）义务是指为或者不为某种行为的法律上的必要性；（3）不真正义务是指对方当事人不可请求履行，义务人不履行的，无须承担损害赔偿责任，仅须承担对自己不利的法律后果，如减损义务；（4）责任是指担保意义上的责任，如抵押责任。

5. （一）诉讼时效期间是可变期间，可以中断、中止、延长，除斥期间则是不变期间，不能中断、中止、延长。（二）诉讼时效期间届满导致抗辩权发生，请求权不消灭，除斥期间届满则导致权利消灭。（三）诉讼时效不得由法官主动适用，而除斥期间则应由法官主动审查适用。（四）诉讼时效适用于请求权，除斥期间原则上适用于形成权，仅在例外情况下才适用于请求权，如占有物返还请求权。

五、法条解释（评注）题（19分）

（一）规范意旨。本条规定显失公平的法律行为可撤销。（二）构成要件。1. 客观要件。显失公平民事法律行为的客观要件是双方当事人的给付对价关系明显失衡。从这个意义上说，显失公平规则仅适用于有偿法律行为，不适用于诸如赠与合同之类的无偿法律行为，因为无偿法律行为本就没有对价关系，自然无所谓是否公平交换。2. 主观要件。显失公平法律行为的主观要件包括两个方面：（1）一方当事人处于危困状态、缺乏判断能力等情形。所谓危困状态是指当事人处于某种危急、困难状态，以至于迫切需要获得金钱或其他给付，如果得不到这些给付，当事人就会遭受重大不利益。所谓缺乏判断能力并非指当事人一般性地缺乏行为能力，毋宁仅指当事人缺乏针对某项具体民事法律行为进行判断的能力。本条中的"等情形"意味着除危困状态、缺乏判断能力之外，其他导致当事人不能完全自由、理性地作出决断的情形也可以适用显失公平规则，比如一方当事人利用优势或者利用对方没有经验。（2）另一方当事人故意利用此类情形，"故意利用"即明知道上述情形并加以利用。（三）法律效果。显失公平的民事法律行为可撤销，处于不利地位的一方当事人享有撤销权。有学说认为，某些情形中应通过部分撤销（如撤销过高的部分价款）来实现变更法律行为之目标。

六、案例分析题（每小题4分，共20分）

1. 货物买卖合同归属于A公司。理由：甲实施了无权代理，但甲曾经的身份以及持有的盖有A公司公章的空白合同书构成代理权表象，B公司的代理人乙对此产生善意信赖，等同于B公司对此产生善意信赖，所以构成表见代理，买卖合同归属于A公司。

2. A公司有权撤销货物买卖合同。理由：B公司的代理人在缔约过程中欺诈了甲，构成相对人欺诈，虽然B公司的法定代表人对此不知情，但在合同归属于A公司的情况下，A公司作为受欺诈方，仍有权撤销合同。

3. （1）如果A公司不行使撤销权，则买卖合同及货物所有权让与合意对A公司发生效力，对于甲受领交付之行为，亦可类推表见代理，使其效果归属于A公司，从而，A公司取得货物所有权，B

公司丧失所有权，无权请求甲返还货物。（2）如果 A 公司行使撤销权，则买卖合同及所有权让与合意不发生效力，A 公司未取得货物所有权，B 公司仍为所有权人，对目前占有四分之三货物的甲享有所有物返还请求权，至于另外四分之一货物，由于已被丙善意取得，B 公司对甲没有所有物返还请求权。

4. 就四分之三货物而言，A 公司对甲享有所有物返还请求权；就已被处分的四分之一货物而言，A 公司对甲享有所有人—占有人关系中的损害赔偿请求权、侵权请求权以及不当得利请求权。理由：如题 3 答案第一种情形，A 公司取得货物所有权，甲依然占有四分之三货物，A 公司对甲享有所有物返还请求权。就四分之一货物而言，A 公司曾经对甲也享有所有物返还请求权，但因被甲处分掉，返还不能，且甲并非善意占有人，故其须对 A 公司承担所有人—占有人关系中的损害赔偿责任；甲擅自处分属于 A 公司的货物，侵害其所有权，须对其承担侵权责任；甲无权处分导致丙善意取得，甲从中获得利益，构成不当得利，A 公司对甲享有不当得利返还请求权。

5. A 公司对甲没有请求权。理由：如题 3 答案第二种情形，A 公司未取得货物所有权，对甲不享有所有物返还请求权以及所有人—占有人关系中的损害赔偿请求权等。此外，由于 A 公司以受欺诈为由撤销了合同，在欺诈情形中，应由欺诈方而非受欺诈方承担缔约过失责任，所以 A 公司无须对 B 公司承担缔约过失责任，从而无权也没必要向无权代理人甲追偿。

附加作业：
请求权基础思维训练
（鉴定式案例报告）*

一、案件主要事实梳理

自 2021 年 6 月中旬起，陈某通过微信多次委托被告王某购买彩票。双方交易习惯为，由陈某向王某发送微信红包，王某收款后为前者购买当日开奖彩票，再将彩票拍照发回给陈某。本案争议事实主要为：

2021 年 10 月 10 日 14：15 原告向被告发送微信红包，当天晚上 20：05，被告微信回复原告称："小陈，明天给你打了，今天我都没在，在外面办事，不好意思了。"当日被告未领取红包，该红包 24 小时后自动退回原告账户内。

2021 年 10 月 11 日 19：42 王某购买体彩"超级大乐透"彩票一张，并在该张彩票上标注"陈"字，当天晚上 20：10，被告通过微信将该张彩票发送给原告，并称："小陈，给你打成大乐透了。"原告回复称："没事。"当日陈某未发红包（即未支付彩票价款）。

2021 年 10 月 12 日 16：21 陈某向王某发送微信红包，王某微信回复："不是昨天打了吗，昨天的票要今天开呢。"陈某回复："今天也买点。"王某回复："今天就是大乐透，昨天给你打的就是

---

* 本篇案例报告初稿由王珏同学在华东政法大学读研期间撰写，指导教师为本书作者。报告是王珏同学在北京大学读博期间修改，经本书作者征求意见后，王珏同学同意将本篇报告纳入本书。

大乐透。"陈某回复："好的。"王某领取 6 元微信红包后又发还陈某，陈某于当日 16：30 领取了该微信红包。当日陈某支付彩票价款，但王某领取后又返还。

总结：

10.10：发红包+"明天给你打"+红包未收

10.11：未发红包+错打 10.12 开奖彩票

10.12：发红包+"昨天给你打了今天的"+领红包后退回

二、请求权检索顺序

（一）请求人与被请求人的确定

就本案案件事实而言，请求人为陈某，被请求人为王某，无须赘言。然而仍值得考虑的是，陈某作为案涉彩票可能的真正权利人，案涉彩票却为王某兑换，彩票发行机构、彩票销售机构或彩票代销者是否有作为被请求人之可能？如有可能，适格请求权主体为何？

1. 彩票发行机构、彩票销售机构与彩票代销者间的关系

依据《彩票管理条例》①第 6 条的规定："国务院民政部门、体育行政部门依法设立的福利彩票发行机构、体育彩票发行机构（以下简称彩票发行机构），分别负责全国的福利彩票、体育彩票发行和组织销售工作。省、自治区、直辖市人民政府民政部门、体育行政部门依法设立的福利彩票销售机构、体育彩票销售机构（以下简称彩票销售机构），分别负责本行政区域的福利彩票、体育彩票销售工作。"由此条可知，我国彩票发行工作仅由彩票发行机构，即中国福利彩票发行管理中心和体育彩票管理中心承担。本案案涉中奖彩票为"超级大乐透"，由国家体育总局体育彩票管理中心发行，云南省体育彩票管理中心销售。理论上来讲，彩票发行机构可以直接发行及销售彩票，但由于人力及地理因素，彩票发行机构通常通过省级

---

① 中华人民共和国国务院令第 554 号，2009 年 7 月 1 日起施行。

或者省级以下各级民政、体育部门的专门机构（彩票销售机构）承销一定额度的彩票，并对其进行发行和销售，两者之间虽然存在上下级的行政监督管理关系，但两者之间仍有代理性质，本案中即为由云南省体育彩票管理中心代理国家体育总局体育彩票管理中心进行彩票销售。《彩票管理条例》第 15 条第 1 款规定，"彩票发行机构、彩票销售机构可以委托单位、个人代理销售彩票。彩票发行机构、彩票销售机构应当与接受委托的彩票代销者签订彩票代销合同"。结合此款可知，彩票销售机构与彩票发行机构可与彩票代销者之间签订委托合同，并授权代销者对彩票进行销售，代销者是彩票销售机构或彩票发行机构的代理人。实践中，彩票代销合同通常由彩票销售机构与彩票代销人签订，依据《民法典》第 923 条第 3 句①，此时彩票代销者与彩票销售机构之间为转委托关系，委托人为彩票发行机构。综上，本案中昆明市某区某小区彩票销售点即为彩票代销者，其作为代理者与陈某订立彩票合同，不能成为被请求主体。此时被代理人为国家体育总局体育彩票管理中心（彩票发行人），其作为合同当事人可以成为被请求权的请求主体。

2. 结论

综合以上分析，国家体育总局体育彩票管理中心可作为本案的适格请求主体。因此，本案请求人为陈某，被请求人为王某以及国家体育总局体育彩票管理中心（以下简称"中国体彩"）。需要注意的是，虽然彩票承兑人为王某之母，但其乃受王某委托承兑，该法律效果对王某发生效力②，被请求人为王某。

---

① 《民法典》第 923 条规定："受托人应当亲自处理委托事务。经委托人同意，受托人可以转委托。转委托经同意或者追认的，委托人可以就委托事务直接指示转委托的第三人，受托人仅就第三人的选任及其对第三人的指示承担责任。转委托未经同意或者追认的，受托人应当对转委托的第三人的行为承担责任；但是，在紧急情况下受托人为了维护委托人的利益需要转委托第三人的除外。"

② 《民法典》第 162 条规定："代理人在代理权限内，以被代理人名义实施的民事法律行为，对被代理人发生效力。"

（二）请求权基础检索顺序

1. 合同请求权（包括原给付请求权、次给付请求权）

2. 类合同请求权（包括缔约过失上的请求权、相对人对无权代理人之请求权、无因管理请求权等其他特别结合关系中的请求权）

3. 物权法上的请求权

4. 侵权请求权

5. 不当得利返还请求权

在检索各项请求权时，应满足三个要件：（1）请求权已发生；（2）请求权未消灭；（3）请求权可实施。

以下即逐项检索之。

三、陈某对中国体彩之请求权检索具体分析

（一）合同请求权

本案例中，陈某与中国体彩签订彩票合同，可能采取的解释模式有两种。其一是王某作为陈某与中国体彩之代理人，代理陈某与中国体彩签订彩票合同；其二是陈某通过微信向彩票站发出要约，王某作为彩票站之雇员（代理人）与陈某订立彩票合同。但现实中可能发生的交易模式只有前者。

我国财政部发布的《电话销售彩票管理暂行办法》第 3 条规定，"电话销售彩票是指利用固定电话、移动电话通过短信、语音、客户端等方式销售彩票"，而根据该办法第 9 条的规定，接受彩票销售机构委托的主体（简称为"电话代销者"）必须符合具有独立法人资格、注册资本不低于 1000 万元人民币等准入条件并获得财政部批准，否则不得开展电话彩票销售业务。观察该部门规章的调整范围，其针对的是以数据电文形式为载体的意思表示，微信销售彩票同样具备以上特征，可认为其属于"电话销售彩票"的范围。如前文所述，本案中所涉的彩票销售点并不属于彩票销售机构，而是属于彩票代销机构，其欲从事电话销售彩票业务必须符合严格的条件，通

常情形中彩票销售站点并不具有此种业务资格。尽管违反财政部制定的部门规章不一定会直接导致合同无效的效果,但仍须判断其是否违反法律规范目的。① 出于行政责任的限制,彩票销售站点事实上不会对数据电文形式的要约作出承诺。② 因此,以陈某通过微信作出要约,彩票销售站点作出承诺的解释路径存在缺陷。

本案例报告分析建立在王某作为陈某与中国体彩之代理人,代理陈某与中国体彩签订彩票合同这一解释模式上。

1. 原给付请求权

陈某请求中国体彩为其兑奖,其请求权基础为:《民法典》第509条第1款③结合合同约定。

欲行使该原给付请求权,应当满足以下条件:

一、请求权发生(√)

(一)彩票合同成立(√)

1. 意思表示一致:要约+承诺(√)

(1)陈某是否作出有效之要约(√)

A. 成立(√)

→陈某自为要约(×)

→由代理人王某代为要约(√):①容许的代理(《民法典》第161条第2款)(√);②代理人作出/受领意思表示(√);③以本人名义为行为(《民法典》第162条第2分句)(√)

B. 生效:①到达(√);②未撤回(√)

---

① 参见杨代雄:《〈民法典〉第153条第1款评注》,载《法治研究》2020年第5期。

② 笔者在撰写案例报告过程中,曾去一彩票站点购买彩票,并询问工作人员购买彩票是否必须去往站点,以及能否通过网络,比如微信或其他App等形式购买。彩票工作人员告诉笔者,只能自己来站点,或委托他人前往站点购买彩票,不可通过网络形式购买彩票,工作人员也禁止通过网络向顾客出售彩票。同时,该工作人员还告诉笔者,自己经常通过委托方式帮相熟顾客购买彩票。

③ 《民法典》第509条第1款规定:"当事人应当按照约定全面履行自己的义务。"

（2）中国体彩是否作出有效之承诺（√）

A. 成立（√）

B. 生效（√）

（二）彩票合同有效：无效力障碍（√）：

（1）当事人不存在行为能力瑕疵（《民法典》第144条、第145条）（√）

（2）合同意思表示非通谋虚伪意思表示（《民法典》第146条）（√）

（3）合同未违反强制性规定与公序良俗（《民法典》第153条）（√）

（4）行为人未与相对人恶意串通，损害他人合法权益（《民法典》第154条）（√）

（5）代理之特别情况：代理人有代理权或无代理权但经被代理人追认（《民法典》第171条结合通说）（√）

（三）彩票合同未被撤销（√）

二、请求权未消灭（×）

三、请求权可实施（×）

1.1 陈某请求中国体彩基于彩票合同为其兑奖的请求权是否发生？

陈某对中国体彩原给付请求权的发生，以陈某与中国体彩之间彩票合同成立、生效且未被撤销为要件。

1.1.1 陈某与中国体彩之间是否成立关于案涉彩票的彩票合同？

彩票合同之成立，须经其意思表示之一致（即要约、承诺一致，《民法典》第471条第1种情形）。于此，分别审查陈某与中国体彩之行为是否构成有效要约、承诺。

1.1.1.1 陈某是否作出有效之要约？

有效之要约须具备如下要件：

成立要件：

A. 须已发出（通说）。①自为发出；②通过他人发出：一为通过表示使者发出（通说）；二为通过代理人发出（《民法典》第161条）。

B. ①须内容具体确定（《民法典》第472条第1项），通常须足以确定当事人、标的、数量；②含有"经受要约人承诺，要约人即受该意思表示约束"之意思（《民法典》第472条第2项）。

C. 要约为意思表示（《民法典》第472条），须符合意思表示之外部、内部其他要素（通说）。

D. 在代理情形，须进一步审查特别成立要件：①容许的代理（《民法典》第161条第2款）（√）；②代理人作出/受领意思表示（√）；③以本人名义为行为（《民法典》第162条第2分句）（√）。

生效要件：

A. 到达（《民法典》第474、137条）。

B. 未受撤回（《民法典》第475、141条）。

1.1.1.1.1 陈某之行为是否符合有效要约的成立要件？

本案中，陈某之意思表示为王某代理陈某作出，因此，检索代理中的特别成立要件。

A. 陈某之行为是否符合代理情形之特别成立要件？

a. 王某之行为是否为容许的代理？

依《民法典》第161条第2款，依照法律规定、当事人约定或者民事法律行为的性质，应当由本人亲自实施的民事法律行为，不得代理。应由本人亲自实施的民事法律行为主要包括身份行为，如遗嘱、结婚、离婚等，此类行为出于尊重本人意思，不得代理。

本案中，王某实施之行为为以陈某名义购买彩票，其行为未为法律规定、当事人约定或依其性质限制应由本人实施，故其行为属于容许的代理。

b. 王某是否作出/受领意思表示？

代理人在实施代理行为时，须本人参与意思表示的形成，其所为之意思表示包括单独行为、订立契约的要约或承诺等。本案中，陈某与王某长时间的交易相处习惯为王某为陈某购买当日开奖之彩票（法院查明事实），陈某并未指定购买彩票的种类、号码或其他特点，因此，王某在为陈某购买彩票时，基于其意思表示作出购买彩票之要约，与彩票相关机构缔结合同，符合此项构成要件。

c. 王某是否以陈某名义为行为？

代理人在代理权限内为之法律行为，须以本人名义为之，其目的在于保护相对第三人，以使其了解本人为何人。本案中，王某在与陈某的聊天记录中，三次涉及案涉彩票，均提到"给你打"，并且其亲自在案涉彩票上标注"陈"字后拍照发给陈某。并且，王某本身作为彩票站之员工，代理彩票发行机构与陈某签订彩票合同，符合代理行为之公示要求。因此，综合其行为分析，足以说明王某在购买彩票时，以陈某名义行为。

结论：陈某之行为符合代理情形之特别成立要件。

B. 陈某之行为是否符合要约之其余成立要件？

a. 陈某要约是否发出？

依据本案，王某代理陈某作出意思表示，购买案涉彩票，其意思表示发出。

b. ①陈某要约之内容是否具体确定？依据本案，陈某要约内容为"购买10月12日开奖之彩票"，其内容具体确定；②陈某之要约有"一经承诺即受拘束"之意思，即中国体彩承诺后，案涉彩票及其上权利由其所有。

c. 陈某之要约是否符合意思表示的一般构成要素？

陈某之行为，自客观相对人而言，具有表示价值（"内容具体确定"）以及法律拘束意思，外部行为具备；其行为时意识到自己在行为，且未受直接强制，具有行为意思；其明知其行为具有法律上意义，故有表示意识；其效果意思为"陈某愿意购买 10 月 12 日开奖之大乐透"。可知，陈某之行为，具备意思表示外部、内部诸要素。

结论：陈某的行为，符合要约之构成要件，构成要约。

1.1.1.1.2 陈某之要约，是否符合生效要件？

A. 陈某之要约是否到达？

王某代理陈某作出要约，由于王某同时为中国体彩之代理人，因此，其意思表示属于对话意思表示，其要约于相对人知道其内容时到达（《民法典》第 137 条第 1 款）。

B. 陈某之要约未撤销/本案要约无撤回之情事（案件给定事实）。

结论：陈某之要约，符合生效要件。

1.1.1.1.3 结论

陈某之行为，符合有效要约之要件，陈某作出有效之要约。

1.1.1.2 中国体彩是否作出有效之承诺？

有效之承诺，须具备如下要件：

成立要件：

A. 构成要件：①意思表示（《民法典》第 479 条），须符合意思表示之一般构成要件：外部表示与内在要素（通说）；②其内容须为对要约之同意（《民法典》第 479 条）。

B. 在代理情形，须进一步审查特别成立要件：①容许的代理（《民法典》第 161 条第 2 款）（√）；②代理人作出/受领意思表示（√）；③以本人名义为行为（《民法典》第 162 条第 2 分句）（√）。

生效要件：

①到达（《民法典》第 481 条）；②未受撤回（《民法典》第 485 条）；③在承诺期限作出（《民法典》第 481 条）。

1.1.1.2.1 中国体彩之行为，是否符合承诺的成立要件？

中国体彩之承诺，为王某作为雇员代理中国体彩作出，因此检索代理中的特别成立要件。

A. 王某之行为是否为容许的代理？

依《民法典》第 161 条第 2 款，依照法律规定、当事人约定或者民事法律行为的性质，应当由本人亲自实施的民事法律行为，不得代理。应由本人亲自实施的民事法律行为主要包括身份行为，如遗嘱、结婚、离婚等，此类行为出于尊重本人意思，不得代理。

本案中，王某实施之行为为以中国体彩名义出售彩票，其行为未为法律规定、当事人约定或依其性质限制应由本人实施，故其行为属于容许的代理。

B. 王某是否作出/受领意思表示？

代理人在实施代理行为时，须本人参与意思表示的形成，其所为之意思表示包括单独行为、订立契约的要约或承诺等。本案中，王某基于其意思表示作出出售彩票之承诺，与陈某缔结合同，符合此项构成要件。

C. 王某是否以中国体彩名义为行为？

代理人在代理权限内为之法律行为，须以本人名义为之，其目的在于保护相对第三人，以使其了解本人为何人。本案中，王某在出售彩票时，毫无疑问以中国体彩名义为行为。

综上，中国体彩之行为符合代理情形之特别成立要件，此外还须考虑其行为是否符合承诺其余成立要件。中国体彩之行为，自客观相对人而言，具有表示价值，具有法律拘束意思，外部行为具备；其行为时意识到自己在行为，且未受直接强制，具有行为意思；其明知其行为具有法律上意义，故有表示意识；其效果意思为"中国体彩愿意售与陈某案涉彩票，若中奖愿意承担兑奖责任"。可知，中国体彩之行为，具备意思表示外部、内部诸要素。

1.1.1.2.2　中国体彩之承诺，是否符合生效要件？

A. 中国体彩之承诺是否到达？

王某代理陈某作出要约，由于王某同时为中国体彩之代理人，因此，其意思表示属于对话意思表示，其承诺于相对人知道其内容时到达（《民法典》第137条第1款）。

B. 中国体彩之承诺未撤销/本案要约无撤回之情事（案件给定事实）。

结论：中国体彩之承诺，符合生效要件。

C. 中国体彩之承诺是否在承诺期限作出？

依据本案，中国体彩之承诺在承诺期限作出。

1.1.1.2.3 结论

中国体彩之行为，符合有效承诺之要件，中国体彩作出有效之承诺。

1.1.2 陈某与中国体彩之间的彩票合同是否生效？

1.1.2.1 陈某与中国体彩之间彩票合同之生效，须不存在效力障碍事由。

本案中，陈某与中国体彩之间彩票合同成立，且不存在行为能力瑕疵、通谋虚伪表示、违反强制性规定、违背公序良俗、恶意串通损害他人合法权益等效力障碍事由。然本案中存在代理行为，须考虑代理行为是否存在效力障碍，阻却合同对被代理人生效。

代理行为对被代理人生效的，须满足：代理人有代理权或无代理权但经被代理人追认（《民法典》第171条结合通说）。

1.1.2.1.1 王某是否有购买案涉彩票之代理权？

据通说，代理权授予之行为为单方法律行为[①]，须被代理人以意思表示为之，因此，被代理人之代理权授予须满足意思表示一般成立生效要件。据此，检验本案中王某是否享有购买案涉彩票（10月12日开奖，10月11日购买）之代理权。

A. 王某是否有购买10月10日开奖彩票之代理权？

a. 陈某之意思表示是否成立？

本案中，陈某10月10日给王某发送红包，10月11日，陈某未发红包，但王某仍为其购买彩票，但购买成10月12日开奖之彩票。

---

① 参见王泽鉴：《民法总则》，北京大学出版社2009年版，第432页。

结合本案案情,须对陈某之行为进行意思表示解释。陈某之行为为有相对人之意思表示,对其解释"应当按照所使用的词句,结合相关条款、行为的性质和目的、习惯以及诚信原则,确定意思表示的含义"①。需要注意的是,由于陈某与王某经过长时间的交往,已经形成了固定的交易习惯,固陈某作为表意人,其视角下的表意符号在相对人王某眼中应具有相同含义,因此此时应以其主观意义进行解释。② 二人之交易习惯为,陈某发送红包,王某为其购买当日开奖之彩票。10月10日,陈某发送红包,其意思表示内容为"授予王某为其购买10月10日开奖之彩票的代理权"。陈某之行为,自客观相对人而言,具有表示价值("内容具体确定")以及法律拘束意思,外部行为具备;其行为时意识到自己在行为,且未受直接强制,具有行为意思;其明知其行为具有法律上意义,故有表示意识;其效果意思为"陈某授予王某为其购买10月10日开奖之彩票的代理权"。可知,陈某之行为,具备意思表示外部、内部诸要素,其授予代理权之意思表示成立。

b. 陈某之意思表示是否生效?

陈某之意思表示内容确定且成立后,仍须考察其意思表示是否满足意思表示生效之要件。意思表示生效要件为到达(《民法典》第137条③)且未受撤回(《民法典》第141条④)。本案中,陈某之意思表示经由微信于下午14:15作出,王某于当日晚20:05回复,由此可知当时二人并未直接沟通,因此其行为属数据电文形式的非

---

① 《民法典》第142条第1款。
② 参见杨代雄:《意思表示解释的原则》,载《法学》2020年第7期。
③ 《民法典》第137条规定:"以对话方式作出的意思表示,相对人知道其内容时生效。以非对话方式作出的意思表示,到达相对人时生效。以非对话方式作出的采用数据电文形式的意思表示,相对人指定特定系统接收数据电文的,该数据电文进入该特定系统时生效;未指定特定系统的,相对人知道或者应当知道该数据电文进入其系统时生效。当事人对采用数据电文形式的意思表示的生效时间另有约定的,按照其约定。"
④ 《民法典》第141条规定:"行为人可以撤回意思表示。撤回意思表示的通知应当在意思表示到达相对人前或者与意思表示同时到达相对人。"

对话意思表示。① 依据本案事实,双方当事人已经形成通过微信交流的习惯,通过默示行为指定特定系统为微信,因此,陈某之意思表示进入微信系统时(14:05)到达(《民法典》第137条第2款第2句第1种情况)。本案中陈某之意思表示亦无撤回之情事。

因此,陈某之意思表示生效。

c. 结论:陈某授予王某购买10月10日开奖彩票的代理权。

B. 王某是否有购买10月11日开奖彩票之代理权?

本案中,10月10日王某未领取陈某之红包,并道歉称"明天给你打",陈某微信回复"没事啦",被告微信回复"真是太对不起了",原告回复"太客气啦"。须对陈某之行为进行意思表示解释。本案中,陈某与王某的丈夫属同事关系,并且长期请王某帮自己购买彩票,在王某有事并称第二天帮自己购买彩票时,其所称之"没事","太客气了"不仅应视为对王某歉意的理解,也应理解为授予王某购买10月11日开奖彩票代理权的意思表示,原因在于陈某并未明确反对王某所提出的"明天帮你打"的要求,也并未要求王某退还红包。陈某之意思表示成立,并且其同样满足生效要件,与前文之论述一致。

结论:王某有购买10月11日开奖彩票之代理权。

C. 王某是否有购买10月11日出售、10月12日开奖彩票(即案涉彩票)之代理权?

本案中,除上述行为外,在王某购买案涉彩票时,当事人双方并无其他行为,因此,陈某未授予王某购买案涉彩票之代理权,王某购买案涉彩票之行为属无权代理(超越代理权限)行为。

1.1.2.1.2 王某是否有出售案涉合同彩票之代理权?

王某作为彩票发行机构的雇员,其工作职责为销售彩票,因此,王某有出售案涉合同彩票之代理权。

---

① 参见王泽鉴:《民法总则》,北京大学出版社2009年版,第359页。

1.1.2.1.3 王某之代理权是否受到限制：自己代理与双方代理之禁止？

梅迪库斯认为，代理权的授予会赋予代理人为被代理人设置负担的权力，代理人也存在滥用此种权力的可能。在滥用危险很大的情形下，民法通过法律规定限制此种滥用，典型的限制即自我缔约以及多方代理之禁止。① 我国《民法典》第168条规定，"代理人不得以被代理人的名义与自己实施民事法律行为，但是被代理人同意或者追认的除外。代理人不得以被代理人的名义与自己同时代理的其他人实施民事法律行为，但是被代理的双方同意或者追认的除外"。本案中，王某作为彩票站的员工，同时以彩票发行机构的名义与他人发生交易，其本人不仅是陈某之代理人，也是彩票机构的代理人，存在双方代理之情形。需要考察王某之行为是否经被代理的双方，即陈某与彩票发行机构之同意或追认。

本案中，陈某知晓王某为彩票发行机构之雇员仍委托王某为其购买彩票，其行为可视作对王某双方代理之同意。疑难之处在于，彩票发行机构在雇用王某出售彩票，并授予其代理权时虽未明确禁止双方代理情形，但在此案中也难以直接确定其是否存在对王某双方代理行为的同意或追认。此时可考虑两种路径：

A. 容忍代理之情形

自己代理和双方代理之禁止属于通过法律规定限制代理权的情形，因此，未经被代理人同意或追认的自己代理和双方代理属无权代理（超越代理权限）的行为，此时有表见代理、容忍代理之适用余地。

容忍代理与默示（可推断）的代理权授予之意思表示的区别在于容忍代理中，"代理权是存在的"，而非"在授予"②。容忍代理作

---

① 参见［德］迪特尔·梅迪库斯：《德国民法总论》，邵建东译，法律出版社2013年版，第722—723页。

② 参见［德］迪特尔·梅迪库斯：《德国民法总论》，邵建东译，法律出版社2013年版，第710页。

为特别的表见代理,须符合表见代理之构成要件,即存在代理权表象、该代理权表象是被代理人风险范围内的因素导致的、相对人对该代理权表象产生信赖而且不存在过失(即相对人是善意的)。但在某些具体要件判断中,如存在代理权表象这一要件,容忍代理存在不同于表见代理的特殊表现形态。只要被代理人在无权代理人实施系争代理行为时容忍了该行为,即可认定为存在代理权之表象。并且,"只要认定存在代理权表象,即可同时认定该表象是被代理人风险范围内的因素导致的,因为该表象之成立要求被代理人明知他人正在实施无权代理行为而不表示反对,被代理人当时只要表示反对即可阻止代理权表象之产生,这对他来说是轻而易举的"①。对于相对人善意,需要相对人无轻过失。本案中,难以确定彩票发行机构是否明示或默示同意王某双方代理,但现实生活中,彩票站工作人员代理相熟顾客为其购买彩票之行为多有发生,彩票站不可能不知此种双方代理之情形,因此,可以确定彩票发行机构容忍了王某对陈某销售彩票之行为,构成王某代理权之表象。并且彩票站对于王某之行为并未阻止,陈某善意不知王某代理权瑕疵。此时,王某之代理销售彩票行为构成容忍代理,可以认定代理效果发生。②

B. 被代理人默示同意。

除容忍代理外,还可考虑《民法典》第168条中"被代理的双方同意"这一限制适用要件。自己代理和双方代理中存在利益冲突,代理人可能为自己之利益置被代理人利益于不顾(自己代理),或可能被代理双方之间存在利益冲突(双方代理),这种利益冲突会导致滥用代理权之风险,③ 此规范目的即为防范利益冲突导致的滥用代理权风险的实现。需要注意的是,此条并不判断基于代理行为内容的

---

① 杨代雄:《容忍代理抑或默示授权——〈民法通则〉第66条第1款第3句解析》,载《政治与法律》2012年第4期。

② 参见[德]迪特尔·梅迪库斯:《德国民法总论》,邵建东译,法律出版社2013年版,第722—723页。

③ MünchKomm/Schubert, §181 Rn. 2.

利益冲突，而是从抽象和一般的角度禁止自己代理行为和双方代理行为。① 因此，在具体案件中，若不存在利益冲突，依据法律规范目的，第168条之禁止并不能适用，"被代理的双方同意或者追认"即为此种限制的典型体现。《德国民法典》对于自己代理以及双方代理之情形规定于第181条②，学界通说认为，在具体适用时需要考虑上文所述之规范目的对此条进行限制，典型的排除情况为纯获利益法律行为、一人有限责任公司、公司法上的决议、代理人自始无代理权以及房产管理人之情况。③ 除此之外，仍可考虑的限制适用途径为被代理人事后同意（即追认）。仅仅时间的推移并不能推导出被代理人默示同意，对双方代理或自己代理行为的知晓同样如此。④ 在判断默示同意（允许）时，交易习惯可以作为判断的标准，如雇员使用自己的钱兑换零钱的，由于此种行为已经成为交易习惯，应认为此处存在雇主对雇员自己代理行为的同意。⑤ 与《德国民法典》第181条之规定相同，我国《民法典》第168条明确规定"被代理的双方同意"这一限制适用要件，其限制出发点与《德国民法典》第181条一致，因此对此要件的判断可参考德民及德国学界通说适用。

  本案中，王某作为陈某及中国体彩之代理人为双方缔结彩票合同，此时并不存在利益冲突，彩票价格恒定，彩票出票以及中奖与否均属随机，因此陈某与中国体彩之间不存在利益冲突，不符合《民法典》第168条之规范目的。并且，实践中常有彩票站员工代理相熟顾客购买彩票之行为，该行为系属交易惯例，也可认定中国体彩对于王某之双方代理行为已经默示同意。

---

① MünchKomm/Schubert，§181 Rn. 5.
② 《德国民法典》第181条规定："非经允许，代理人不得以本人名义与自己为法律行为，亦不得为第三人之代理人，而与本人为法律行为。但其法律行为专为履行义务者，不在此限。"
③ MünchKomm/Schubert，§181 Rn. 31ff.
④ MünchKomm/Schubert，§181 Rn. 62.
⑤ Staudinger/Schilken，§181 Rn52.

C. 结论：王某之代理行为并不因双方代理产生效力瑕疵。

1.1.2.1.4　王某购买案涉彩票之无权代理（超越代理权限）行为是否经被代理人追认？

追认可以明示或可推断的行为作出。本案中，王某通过微信将案涉彩票发送给陈某，并称，"小陈，给你打成大乐透了"，陈某回复称"没事"。10月12日下午16：21，陈某向王某发送微信红包，王某微信回复"不是昨天打了吗，昨天的票要今天开呢"，陈某回复"今天也买点"，王某回复"今天就是大乐透，昨天给你打的就是大乐透"，陈某回复"好的"。王某领取6元微信红包后又发还陈某，陈某于当日16：30领取了该微信红包。须综合判断陈某之行为是否构成追认。

在王某向陈某说明"给你打成大乐透"之后，陈某说"没事"。大乐透于10月12日开奖，结合上文分析，王某之行为超越代理权限，因此购买案涉彩票须陈某追认。陈某称"没事"，可理解为对王某错打彩票行为的宽恕，并且其并未发送红包，与二人之间交易习惯不符（也有可能是陈某并未注意王某未领取其10月10日所发之红包），其行为存在多种解释可能，因此，"没事"难以单独认定为追认的意思表示。10月12日，陈某又向王某发送红包，王某微信回复称，"不是昨天打了吗，昨天的票要今天开呢"，陈某称"今天也买点"，其行为应为授予王某购买10月12日开奖彩票之代理权的意思表示（与前文分析一致）。但王某回复称"今天就是大乐透，昨天给你打的就是大乐透"，陈某随即回复"好的"。由此对话可以推断，陈某之前并未明确认识到王某10月11日购买的彩票于10月12日开奖，因此其于12日又向王某发送红包。在王某向其解释之后，陈某方知晓10月11日已经购买的彩票原来于10月12日开奖，并且对王某称"好的"。此时，陈某之意思为使王某10月11日购买的10月12日开奖的彩票对其发生效力，否则他应对王某作出"再给我买一张，那一张不算"此类型的意思表示，因此，其行为可被视为对王某购买案涉彩票之追认。

另外值得注意的是，王某在收取陈某之红包后，又将此红包发还于陈某，陈某也收取该红包，此行为是否改变陈某追认之事实？本报告认为此行为并不能改变陈某追认的事实。陈某与王某长时间相处，且王某丈夫为陈某同事，三人之间关系紧密，王某发还红包可以理解为对自己买错彩票的歉意；此彩票之价款虽然应由陈某承担，但由于自己买错，因此由自己承担。此种解释并不违反生活常识，并且也不违反陈某作为红包受领人的认知。哪怕王某在收到红包后变卦，希望该张彩票归自己所有，其购买彩票时意思也为替陈某购买彩票，其单方面意思改变并不能变更事情已经产生的法律效果。

1.1.2.1.5 结论

王某之超越代理权限行为经陈某追认，案涉彩票购买合同对陈某发生效力。

1.1.2.2 结论

陈某与中国体彩之间的彩票合同生效。

1.1.3 陈某与中国体彩之间的彩票合同是否未被撤销？

依据本案的案情，该彩票合同未被撤销。

1.1.4 结论

陈某请求中国体彩基于彩票合同为其兑奖的请求权发生。

1.2 陈某请求中国体彩基于彩票合同为其兑奖的请求权是否未消灭？

债权请求权消灭之一般事由（《民法典》第557条）包括：履行、抵销、提存、免除、债权债务同归一人、债权让与（《民法典》第545条以下）、免责的债务承担（《民法典》第551条）等。

1.2.1 彩票合同的法律性质

韩世远教授认为，彩票合同系买卖合同，具有射幸性、有偿性、诺成性和双务性。[①] 另外有观点认为，彩票合同为独特的"双层赠

---

① 参见韩世远：《彩票的法律分析》，载《法学》2005年第4期。

与合同",第一层赠与为彩民支付彩票款,作为社会公益款项的赠与;第二层赠与为针对彩民的附解除条件的赠与,其所附解除条件为"开奖后,未中奖",该条件成就时,赠与合同失其效力并自始无效;而在中奖情形下,赠与合同生效,彩票发行机构应提取一定比例的彩票奖金返还给持有该幸运奖券的彩民。① 本报告认为彩票合同应系射幸合同,原因在于若将其定性为买卖合同,彩民中奖后彩票发行机构的兑奖义务难以与买卖合同中出卖人所负交付并移转标的物所有权于买受人(《民法典》第595、598、599、601条)的典型义务相洽;若将其定性为赠与合同,则难谓符合当事人之意思:彩民在购买彩票时,极少有作为社会公益款项赠与的意思,若有此意,彩民可以支付彩票价款而不接受彩票,但这在社会生活实践中几乎不会出现。

彩票合同订立后,彩票发行机构虽收取价款,但同时承担了虽概率较小但而金额仍数万倍于彩票价格债务的风险;同样,彩民虽有获奖希望,但更要承担一无所获却依旧失去价款的风险。② 彩票合同的这一射幸性风险说明其属于射幸合同。

1.2.2 中国体彩的义务

彩票合同作为射幸合同,彩票发行机构的义务为交付彩票以及保证彩票具备中奖机会。若售出彩票中奖,则中国体彩作为彩票发行人,成为中奖人的债务人。中奖彩票具有无记名债券之性质,其不载明特定权利人,证明效力与持有联系在一起。彩票中奖后,持有中奖彩票的人可到指定机构兑奖。③ 无记名债券具有四种证明效力,其中之一为发行人(债务人)向持有人给付,即使是向非债权

---

① 参见吴勇敏、马俊彦:《彩票合同新解》,载《浙江大学学报(人文社会科学版)》2015年第2期。
② 参见陈传法、冯晓光:《射幸合同立法研究》,载《时代法学》2010年第3期。
③ 《彩票管理条例》第25条规定:"彩票中奖者应当自开奖之日起60个自然日内,持中奖彩票到指定的地点兑奖,彩票品种的规则规定需要出示身份证件的,还应当出示本人身份证件。逾期不兑奖的视为弃奖。禁止使用伪造、变造的彩票兑奖。"

人给付的，免于债务。①

在本案中，王某持彩票向指定机构兑奖，彩票发行机构的义务在完成兑奖之后履行完毕，并不存在违反义务之情事，因此，陈某对中国体彩的请求权消灭。

1.2.3 结论

陈某请求中国体彩基于彩票合同为其兑奖的请求权消灭。

1.3 结论

陈某对中国体彩不能行使基于彩票合同的原给付请求权。

2. 次给付请求权

请求权基础：《民法典》第 577 条②。

欲行使该请求权，应当满足以下条件：

  一、请求权已发生（×）

  （一）至少存在一项自始有效的合同（√）

  （二）当事人一方不履行合同义务或者履行合同义务不符合约定（×）

  （三）无免责事由（×）

  二、请求权未消灭（×）

  三、请求权可实施（×）

依据上文分析，陈某与中国体彩订立彩票合同，中国体彩一方并无不履行合同义务或履行合同义务不符合约定的行为。

结论：陈某对中国体彩的次给付请求权未发生。

3. 结论

陈某对中国体彩不可主张合同上请求权。

---

① 参见［德］迪特尔·梅迪库斯：《德国债法分论》，杜景林、卢谌译，法律出版社 2007 年版，第 455 页。

② 《民法典》第 577 条规定："当事人一方不履行合同义务或者履行合同义务不符合约定的，应当承担继续履行、采取补救措施或者赔偿损失等违约责任。"

(二) 类合同请求权

1. 缔约过失之损害赔偿请求权

请求权基础：《民法典》第500条。①

欲行使该请求权，应当满足以下条件：

  一、请求权已发生（×）

  （一）订立合同过程中（√）

  （二）被请求人存在法条所述情形（×）

  （三）请求人受有损害（×）

  （四）义务违反与损害之间存在因果关系（×）

  （五）被请求人的可归责性（×）

  二、请求权未消灭（×）

  三、请求权可实施（×）

依据上文分析，中国体彩无：①假借订立合同，恶意进行磋商；②故意隐瞒与订立合同有关的重要事实或者提供虚假情况；③其他违背诚信原则的行为。因此，不满足缔约过失请求权的要件。

结论：陈某对中国体彩无缔约过失损害赔偿请求权。

2. 相对人对无权代理人之请求权

请求权基础：《民法典》第171条第3款、第4款②。

欲行使第171条第3款规定的请求权，应当满足以下条件：

  一、请求权已发生（×）

  （一）行为人无代理权（×）

---

① 《民法典》第500条规定："当事人在订立合同过程中有下列情形之一，造成对方损失的，应当承担赔偿责任：（一）假借订立合同，恶意进行磋商；（二）故意隐瞒与订立合同有关的重要事实或者提供虚假情况；（三）有其他违背诚信原则的行为。"

② 《民法典》第171条第3款、第4款规定："行为人实施的行为未被追认的，善意相对人有权请求行为人履行债务或者就其受到的损害请求行为人赔偿。但是，赔偿的范围不得超过被代理人追认时相对人所能获得的利益。相对人知道或者应当知道行为人无权代理的，相对人和行为人按照各自的过错承担责任。"

（二）相对人善意不知其无代理权（×）

二、请求权未消灭（×）

三、请求权可实施（×）

欲行使第 171 条第 4 款规定的请求权，应当满足以下条件：

一、请求权已发生（×）

（一）行为人无代理权（×）

（二）相对人知道或应知其无代理权（×）

二、请求权未消灭（×）

三、请求权可实施（×）

本案例中，请求人为陈某，被请求人为中国体彩，并不涉及相对人，因此，无此请求权适用空间。

结论：陈某对中国体彩不可主张相对人对无权代理人之请求权。

3. 基于无因管理而发生的请求权

陈某基于无因管理请求中国体彩移转奖金及其权益，其请求权基础为：《民法典》第 983 条第 2 句结合第 979 条。①

欲行使该请求权，应当满足以下条件：

一、请求权已发生（×）

（一）构成无因管理（×）

1. 没有法定或约定义务，且无其他赋权（×）

2. 行为系为避免他人利益受损（×）

3. 管理他人事务（×）

4. 管理事务不违反本人真实意思（×）

---

① 《民法典》第 983 条规定："管理结束后，管理人应当向受益人报告管理事务的情况。管理人管理事务取得的财产，应当及时转交给受益人。"第 979 条规定："管理人没有法定的或者约定的义务，为避免他人利益受损失而管理他人事务的，可以请求受益人偿还因管理事务而支出的必要费用；管理人因管理事务受到损失的，可以请求受益人给予适当补偿。管理事务不符合受益人真实意思的，管理人不享有前款规定的权利；但是，受益人的真实意思违反法律或者违背公序良俗的除外。"

（二）管理人管理事务取得财产（×）

二、请求权未消灭（×）

三、请求权可实施（×）

本案中，中国体彩没有无因管理行为，无须赘言。

结论：陈某对中国体彩不可主张无因管理之请求权。

4. 结论

陈某对中国体彩不可主张类合同请求权。

（三）物权法上的请求权

1. 基于所有权或其他物权而产生的请求权

1.1 原物返还请求权

陈某请求中国体彩返还奖金及其他权利，其请求权基础为：《民法典》第235条①。

欲行使该请求权，应当满足以下条件：

一、请求权已发生（×）

（一）请求人为所有权人或其他有占有权益的物权人（×）

（二）被请求人无权占有（×）

（三）被请求人为现时的无权占有人（×）

二、请求权未消灭（×）

三、请求权可实施（×）

1.1.1 陈某对中国体彩是否享有原物返还请求权？

1.1.1.1 陈某是否为奖金之所有权人？

在本案中，案涉彩票已经为王某用于兑奖，彩票灭失，其上所有权也灭失。并且彩票中奖奖金的获得，需要以出让财产（购买彩票

---

① 《民法典》第235条规定："无权占有不动产或者动产的，权利人可以请求返还原物。"

的价金）的终局所有权为代价，且具有不确定性，① 因此，王某兑奖所得奖金并非彩票的法定孳息。

对于彩票奖金之所有权，传统理论认为，货币适用"占有即所有"规则，但学界亦有理论认为，金钱的高度可替代性并不必然排除其特定性，且"占有即所有"对金钱流通保护毫无节制，因此，并不能一味认可金钱占有即所有的规则，而应依金钱权利是否有移转所有权之意思、是否丧失价值特定性（是否混同、是否流通）对其所有权归属作出判断。② 在本案中，彩票奖金是王某兑奖所得，彩票具有无记名债券之性质，因此兑奖机构在兑奖后，其债务免除。本案中，并不知王某在兑奖之后奖金是否混同、是否流通，唯一可确定的是兑奖人在向王某为兑奖行为时其具有移转金钱所有权于王某之意思，因此奖金所有权人应为王某，而非陈某。

1.1.1.2　结论

陈某并非奖金之所有权人。此外，陈某对该奖金显然亦不享有其他物权。

1.1.2　结论

陈某对中国体彩无原物返还请求权。

1.2　所有人—占有人关系中的请求权

1.2.1　孳息返还请求权

请求权基础：《民法典》第 460 条第 1 分句③。

欲行使该请求权，应当满足以下条件：

一、请求权已发生（×）

（一）请求人为所有权人或其他对占有物有收益权之

---

① 参见隋彭生：《法定孳息的本质——用益的对价》，载《社会科学论坛（学术研究卷）》2008 年第 6 期。

② 参见孙鹏：《金钱"占有即所有"原理批判及权利流转规则之重塑》，载《法学研究》2019 年第 5 期。

③ 《民法典》第 460 条规定："不动产或者动产被占有人占有的，权利人可以请求返还原物及其孳息；但是，应当支付善意占有人因维护该不动产或者动产支出的必要费用。"

人（×）

(二) 占有人已收取孳息（×）

(三) 善意占有人收取的孳息未消灭（×）

二、请求权未消灭（×）

三、请求权可实施（×）

陈某并非彩票奖金之所有权人或享有收益权之人，因此，陈某无孳息返还请求权。

1.2.2　对恶意占有人的损害赔偿请求权

请求权基础：《民法典》第461条①。

欲行使该请求权，应当满足以下条件：

一、请求权已发生（×）

(一) 请求人为所有权人或其他原物返还请求权人（×）

(二) 占有人为恶意占有人（×）

(三) 占有物毁损、灭失（×）

(四) 恶意占有人对标的物毁损、灭失存在过错（×）

二、请求权未消灭（×）

三、请求权可实施（×）

陈某并非彩票奖金之所有权人或其他原物返还请求权人，因此，其对中国体彩无占有物损害赔偿请求权。

1.2.3　占有物毁损、灭失后的保险金等返还请求权

请求权基础：《民法典》第461条第1分句。

欲行使该请求权，应当满足以下条件：

一、请求权已发生（×）

(一) 请求人为所有权人或其他原物返还请求权人（×）

(二) 占有物毁损、灭失（×）

---

① 《民法典》第461条规定："占有的不动产或者动产毁损、灭失，该不动产或者动产的权利人请求赔偿的，占有人应当将因毁损、灭失取得的保险金、赔偿金或者补偿金等返还给权利人；权利人的损害未得到足够弥补的，恶意占有人还应当赔偿损失。"

（三）给付义务人向占有人支付保险金、赔偿金或补偿金等（×）

二、请求权未消灭（×）

三、请求权可实施（×）

陈某并非彩票奖金之所有权人或其他原物返还请求权人，因此，陈某无此请求权。

1.2.4 结论

陈某对中国体彩无所有人—占有人关系中的请求权。

1.3 排除妨害、消除危险请求权

请求权基础：《民法典》第236条。①

欲行使该请求权，应当满足以下条件：

一、请求权已发生（×）

（一）请求人为所有权人或其他物权人（×）

（二）所有权或其他物权被妨害或可能被妨害（×）

（三）被请求人有除去妨害之能力（×）

二、请求权未消灭（×）

三、请求权可实施（×）

陈某并非彩票奖金之所有权人或其他物权人，因此，其对中国体彩无排除妨害、消除危险请求权。

2. 基于占有而产生的请求权

2.1 占有返还请求权

陈某请求中国体彩返还奖金之占有，其请求权基础为：《民法典》第462条第1款第1分句②。

欲行使该请求权，应当满足以下条件：

---

① 《民法典》第236条规定："妨害物权或者可能妨害物权的，权利人可以请求排除妨害或者消除危险。"

② 《民法典》第462条第1款第1分句规定，"占有的不动产或者动产被侵占的，占有人有权请求返还原物"。

一、请求权已发生（×）

（一）请求人为占有人（×）

（二）占有被侵夺（×）

（三）被请求人为现时占有人（×）

二、请求权未消灭（×）

三、请求权可实施（×）

本案中陈某并非奖金的占有人，不符合"请求人为占有人"这一要件。

结论：陈某对中国体彩无占有返还请求权。

2.2 占有排除妨害、消除危险请求权

请求权基础：《民法典》第462条第1款第2分句。①

欲行使该请求权，应当满足以下条件：

一、请求权已发生（×）

（一）请求人为占有人（×）

（二）存在妨害占有之行为（×）

（三）被请求人为妨害占有人或有妨害占有之虞人（×）

二、请求权未消灭（×）

三、请求权可实施（×）

本案中，陈某并非奖金占有人，不符合"请求人为占有人"之要件。

结论：陈某对中国体彩不可主张占有排除妨害、消除危险请求权。

3. 结论

陈某对中国体彩不可主张物权法上的请求权。

---

① 《民法典》第462条第1款第2分句规定，"对妨害占有的行为，占有人有权请求排除妨害或者消除危险"。

(四) 侵权请求权

陈某请求王某承担侵权责任，请求权基础为：《民法典》第1165条第1款①。

本案中，陈某之彩票为王某承兑，彩票作为无记名债券是债权凭证，陈某为真正债权人，此时存在侵害债权之可能。对于债权能否作为侵权客体，我国多数学者认为，债权可以成为侵权法保护的客体，但是鉴于债权不具有社会典型公开性，故此对于第三人侵害债权之构成要件须严格界定，即仅限于第三人明知债权之存在而故意加以侵害的情形②。因此，欲行使该请求权，应当满足以下条件③：

一、请求权已发生（×）
（一）存在合法有效债权（√）
（二）第三人对债权进行不法侵害（×）
（三）第三人明知债权存在且有侵害债权之故意（×）
二、请求权未消灭（×）
三、请求权可实施（×）

---

① 《民法典》第1165条第1款规定："行为人因过错侵害他人民事权益造成损害的，应当承担侵权责任。"

② 参见程啸：《侵权责任法》，法律出版社2011年版，第131页。对于此问题，我国台湾地区学者也认可债权归属可作为绝对权纳入侵权法的保护范畴，参见王泽鉴：《侵权行为》（第三版），北京大学出版社2016年版，第382页。德国学者通常排除债权作为绝对权纳入《德国民法典》第823条第1款的保护范围，本案例中所述之债权归属则可纳入侵害权益型不当得利（《德国民法典》第816条第2款）之保护范畴，因此亦无通过侵权法保护之必要，参见［德］迪特尔·梅迪库斯：《德国债法分论》，杜景林、卢谌译，法律出版社2007年版，第663页；类似观点参见 Looschelders, Schuldrecht BT 15. Aufl., 2020, § 60 Rn. 16。在恶意悖俗侵权（《德国民法典》第826条）情形下，学者们也未将侵犯债权归属作为一般的案例情形，参见［德］迪特尔·梅迪库斯：《德国债法分论》，杜景林、卢谌译，法律出版社2007年版，第685页以下；Looschelders, Schuldrecht BT 15. Aufl., 2020, § 65 Rn. 9ff.; Brox, Walker, Schuldrecht BT 44. Aufl., 2020, § 47 Rn. 5ff.。

③ 参见程啸：《侵权责任法》，法律出版社2011年版，第131—132页。

1. 陈某对中国体彩之请求权是否发生？

1.1 是否存在合法有效债权？

本案中，陈某通过购买彩票中奖，中奖彩票作为无记名债券，其上记载陈某对于彩票发行机构之债权，且没有无法正确识别、兑奖区覆盖层撕刮不开、无兑奖符号、保安区裸露等债权无效事由①，其债权合法有效。

1.2 中国体彩是否对陈某之债权进行不法侵害？

本案中，彩票作为无记名债券，中国体彩兑奖之行为消灭其债权债务，并不属于对陈某债权的不法侵害。

1.3 结论

陈某对中国体彩之侵权请求权未发生。

2. 结论

陈某不可对中国体彩主张侵权请求权。

（五）不当得利返还请求权

陈某基于不当得利请求中国体彩返还奖金，其请求权基础为：《民法典》第 985 条②。

欲行使该请求权，应当满足以下条件：

一、请求权已发生（×）

（一）获得利益（√）

（二）没有法律根据（×）

（三）请求人受有损失（×）

（四）获利与损失之间有因果关系（×）

---

① 《彩票管理条例实施细则》第 40 条第 1 款规定："彩票售出后出现下列情况的，不予兑奖：（一）彩票因受损、玷污等原因导致无法正确识别的；（二）纸质即开型彩票出现兑奖区覆盖层撕刮不开、无兑奖符号、保安区裸露等问题的。"

② 《民法典》第 985 条规定："得利人没有法律根据取得不当利益的，受损失的人可以请求得利人返还取得的利益，但是有下列情形之一的除外：（一）为履行道德义务进行的给付；（二）债务到期之前的清偿；（三）明知无给付义务而进行的债务清偿。"

(五) 不存在排除事由 (×)

二、请求权未消灭 (×)

三、请求权可实施 (×)

1. 陈某对中国体彩之不当得利请求权是否发生?

依据本案之情事,中国体彩与陈某之间不存在给付关系,故依通说,二人之间可能存在之不当得利为非给付型不当得利,由于本案中存在权益侵害之事由,因此为权益侵害型不当得利,彩票兑奖机构向非债权人王某为给付,王某受领给付使陈某债权消灭。

1.1 王某是否获得利益?

在本案中,中国体彩向王某兑奖,其对陈某之债权消灭,受有利益。

1.2 中国体彩获得利益是否没有法律根据?

本案中,中奖彩票具有无记名债券之性质,其不载明特定权利人,证明效力与持有联系在一起。彩票中奖后,持有中奖彩票的人可到指定机构兑奖。无记名债券具有四种证明效力,其中之一为发行人(债务人)向持有人给付,即使是向非债权人给付的,免于债务。① 中国体彩之债务消灭并非没有法律根据。

1.3 结论

陈某对中国体彩之不当得利请求权未发生。

2. 结论

陈某不可向中国体彩主张不当得利请求权。

(六) 结论

陈某对中国体彩无可主张之请求权。

---

① 参见 [德] 迪特尔·梅迪库斯:《德国债法分论》,杜景林、卢谌译,法律出版社2007年版,第455页。

四、陈某对王某之请求权检索具体分析

（一）合同请求权

本案例中，可能采取的解释路径有两种，一种是上文所述王某作为陈某之代理人，代理陈某与中国体彩签订彩票合同外；另一种是陈某通过微信向彩票站发出要约，王某作为彩票站之雇员（代理人）与陈某订立彩票合同。但这种解释路径并不可取。我国财政部发布的《电话销售彩票管理暂行办法》第3条规定，"电话销售彩票是指利用固定电话、移动电话通过短信、语音、客户端等方式销售彩票"，而接受彩票销售机构委托的主体（简称为"电话代销者"）必须符合具有独立法人资格、注册资本不低于1000万元人民币等准入条件并获得财政部批准，否则不得开展电话彩票销售业务。观察该部门规章的调整范围，其针对的是以数据电文形式为载体的意思表示，微信销售彩票同样具备以上特征，可认为其属于"电话销售彩票"的范围。如前文所述及，彩票销售站点并不属于彩票销售机构，而是属于彩票代销机构，其欲从事电话销售彩票业务必须符合严格的条件，而通常情形中彩票销售站点并不具有此种业务资格。尽管违反财政部制定的部门规章不一定会直接导致合同无效的效果，仍须判断其是否违反法律规范目的①，但出于行政责任的限制，彩票销售站点事实上不会对数据电文形式的要约作出承诺。因此，以陈某作出要约而彩票销售站点作出承诺的解释路径存在缺陷。

1. 原给付请求权

陈某请求王某移转奖金及其他权益，其请求权基础为：《民法典》第927条②。

---

① 参见杨代雄：《〈民法典〉第153条第1款评注》，载《法治研究》2020年第5期。

② 《民法典》第927条规定："受托人处理委托事务取得的财产，应当转交给委托人。"

1.1 陈某可否基于购买 10 月 10 日彩票之委托合同请求王某移转奖金及其他权益？

欲行使该原给付请求权，应当满足以下条件：

一、请求权发生（×）

（一）委托合同成立（×）

1. 意思表示一致：要约+承诺（×）

(1) 陈某是否作出有效之要约（√）

A. 成立（√）

→陈某自为要约（√）

B. 生效：①到达（√）；②未撤回（√）

(2) 王某是否作出有效之承诺（×）

A. 成立（×）

B. 生效（×）

（二）委托合同有效（×）

（三）委托合同未被撤销（×）

二、请求权未消灭（×）

三、请求权可实施（×）

陈某对王某原给付请求权的发生，以陈某与王某之间委托合同成立、生效且未被撤销为要件（《民法典》第 927 条）。

1.1.1 陈某与王某之间是否成立购买 10 月 10 日彩票之委托合同？

委托合同之成立，须经其意思表示之一致（即要约、承诺一致）。于此，分别审查陈某与王某之行为是否构成有效要约、承诺。

1.1.1.1 陈某是否作出有效之要约？

有效之要约须具备如下要件：

成立要件：

A. 须已发出（通说）。①自为发出；②通过他人发出：一为通过表示使者发出（通说）；二为通过代理人发出（《民法典》第 161 条)。

B.①须内容具体确定(《民法典》第 472 条第 1 项),通常须足以确定当事人、标的、数量;②含有"经受要约人承诺,要约人即受该意思表示约束"之意思(《民法典》第 472 条第 2 项)。

C. 要约为意思表示(《民法典》第 472 条),须符合意思表示之外部、内部其他要素(通说)。

生效要件:

A. 到达(《民法典》第 474、137 条)。

B. 未受撤回(《民法典》第 475、141 条)。

1.1.1.1.1 陈某之行为是否符合要约之成立要件?

本案中,陈某通过微信多次委托王某购买彩票,经法院查明,双方交易习惯为王某为陈某购买当日彩票。10 月 10 日,陈某向王某发送红包,依双方交易习惯,二人由陈某先支付票款,王某收到票款后为其购买当日开奖的彩票。

A. 陈某要约是否发出?

依据本案,陈某向王某发送红包,其要约发出。

B.①陈某要约之内容是否具体确定?依据本案,双方二人已经形成交易习惯,陈某发送红包,其要约内容为"委托王某购买 10 月 10 日开奖之彩票"①,其内容具体确定;②陈某之要约有"一经承诺即受拘束"之意思,即王某承诺后,购买彩票为其享有。

C. 陈某之要约是否符合意思表示的一般构成要素?

陈某之行为,自客观相对人而言,具有表示价值("内容具体确定")以及法律拘束意思,外部行为具备;其行为时意识到自己在

---

① 此处将陈某发送红包的行为解释出有委托合同要约之意思表示,这与前文解释陈某发送红包为代理权授予意思表示并不矛盾,原因在于一个行为可同时具有多个意思表示,事实与意思表示并非一一对应,比如在签订委托合同时,即使当事人没有另行授予代理权,此时受托人也以委托人之名义为代理行为(《民法典》第 925 条),委托合同同时包含委托合同要约和代理权授予的意思表示。

行为,且未受直接强制,具有行为意思;其明知其行为具有法律上意义,故有表示意识;其效果意思为"陈某愿意委托王某为其购买10月10日开奖之彩票"。可知,陈某之行为,具备意思表示外部、内部诸要素。

结论:陈某的行为,符合要约之构成要件,构成要约。

1.1.1.1.2 陈某之要约,是否符合生效要件?

A. 陈某之要约是否到达?

其要约经由微信下午 14:15 作出,王某于当日晚 20:05 回复,由此可知当时二人并未直接沟通,因此其行为属数据电文形式的非对话意思表示。依据本案事实,双方当事人已经形成通过微信交流的习惯,通过默示行为指定特定系统为微信,因此陈某之要约进入微信系统时(14:05)到达(《民法典》第 137 条第 2 款第 2 句第 1 种情况)。

B. 陈某之要约未撤销/本案要约无撤回之情事(案件给定事实)。

结论:陈某之要约,符合生效要件。

1.1.1.1.3 结论

陈某作出购买 10 月 10 日彩票之有效要约。

1.1.1.2 王某是否作出有效之承诺?

有效之承诺,须具备如下要件:

A. 构成要件:①意思表示(《民法典》第 479 条),须符合意思表示之一般构成要件:外部表示与内在要素(通说);②其内容须为对要约之同意(《民法典》第 479 条)。

B. 生效要件:①到达(《民法典》第 481 条);②未受撤回(《民法典》第 485 条);③在承诺期限作出(《民法典》第 481 条)。

王某之行为,自客观相对人而言,具有表示价值。但就法律拘束意思而言,由于通常情况中,当事人并不会对法律约束力进行实质性思考,因此,很难认定当事人具有明示或默示的法律拘束意思,对法律拘束意思的判断应"考虑双方当事人利益状态，依诚实信用原则，并顾及交易习俗"作出判断。① 本案案情为委托购买彩票，存在较高责任风险，若王某误买或漏买彩票致使本可中奖却未中奖之情况，在构成重大过失时陈某可请求其承担损害赔偿责任（《民法典》第929条第2句②），此种损害赔偿责任对于王某而言可能过巨，因此，王某无承担法律行为上的义务之意愿，其行为无法律拘束意思。

结论：王某之行为不构成有效承诺。

1.1.2 结论

陈某与王某之间不成立购买10月10日彩票之委托合同。

1.2 陈某可否基于购买10月11日彩票之委托合同请求王某移转彩票及其权利？

欲行使该原给付请求权，应当满足以下条件：

一、请求权发生（×）

（一）委托合同成立（×）

1. 意思表示一致：要约+承诺（×）

（1）王某是否作出有效之要约（×）

A. 成立（×）

B. 生效（×）

（2）陈某是否作出有效之承诺（×）

A. 成立（×）

B. 生效（×）

（二）委托合同有效（×）

（三）委托合同未被撤销（×）

二、请求权未消灭（×）

---

① 参见［德］迪特尔·梅迪库斯：《德国民法总论》，邵建东译，法律出版社2013年版，第154页。

② 《民法典》第929条第2句规定："无偿的委托合同，因受托人的故意或者重大过失造成委托人损失的，委托人可以请求赔偿损失。"

三、请求权可实施（×）

1.2.1 陈某与王某之间是否成立购买 10 月 11 日彩票之委托合同？

委托合同之成立，须经其意思表示之一致（即要约、承诺一致）。于此，分别审查王某与陈某之行为是否构成有效要约、承诺。但若不构成有效要约，则无须审查是否构成承诺。

1.2.1.1 王某是否作出有效之要约？

有效之要约须具备如下要件：

成立要件：

A. 须已发出（通说）。①自为发出；②通过他人发出：一为通过表示使者发出（通说）；二为通过代理人发出（《民法典》第 161 条）。

B. ①须内容具体确定（《民法典》第 472 条第 1 项），通常须足以确定当事人、标的、数量；②含有"经受要约人承诺，要约人即受该意思表示约束"之意思（《民法典》第 472 条第 2 项）。

C. 要约为意思表示，须符合意思表示之外部、内部其他要素（通说）。

生效要件：

A. 到达（《民法典》第 474、137 条）。

B. 未受撤回（《民法典》第 475、141 条）。

此处，只须讨论王某之行为是否符合要约之成立要件。

在本案中，10 月 10 日晚上 20：05，王某微信回复陈某称："小陈，明天给你打了，今天我都没在，在外面办事，不好意思了。"

A. 王某之表示是否发出？在本案中，王某向陈某发送微信称"明天给你打"，其表示发出。

B. ①王某表示之内容是否具体确定？在本案中，双方二人已经形成交易习惯，王某之表示内容为"为陈某购买 10 月 11 日开奖之彩票",其内容具体确定;②王某之表示有"一经承诺即受拘束"之意思,即陈某承诺后,为其购买彩票。

C. 王某之表示是否符合意思表示的一般构成要素?

王某之行为,自客观性对人而言,具有表示价值("内容具体确定"),但由于本案案情为委托购买彩票,存在较高责任风险,因此,如前所论述,王某无承担法律行为上的义务之意愿,其行为无法律拘束意思。

1.2.1.2 结论

王某之行为,不符合要约之成立要件,不构成要约。

1.2.2 结论

陈某与王某之间不成立购买10月11日彩票之委托合同。

1.3 结论

陈某对王某的原给付请求权不成立。

2. 次给付请求权

请求权基础:《民法典》第577条。

欲行使该请求权,应当满足以下条件:

一、请求权已发生(×)

(一)至少存在一项自始有效的合同;(×)

(二)当事人一方不履行合同义务或者履行合同义务不符合约定(×)

(三)无免责事由(×)

二、请求权未消灭(×)

三、请求权可实施(×)

依据上文分析,陈某与王某之间不存在生效合同,不满足次给付请求权的要件。

结论:陈某对王某无次给付请求权。

3. 结论

陈某对王某不可主张合同请求权。

(二) 类合同请求权

1. 缔约过失之损害赔偿请求权

请求权基础：《民法典》第 500 条。

欲行使该请求权，应当满足以下条件：

  一、请求权已发生（×）

  （一）订立合同过程中（√）

  （二）被请求人存在法条所述情形（×）

  （三）请求人受有损害（×）

  （四）义务违反与损害之间存在因果关系（×）

  （五）被请求人的可归责性（×）

  二、请求权未消灭（×）

  三、请求权可实施（×）

依据上文分析，陈某与王某之间虽处于缔约阶段，但王某无：①假借订立合同，恶意进行磋商；②故意隐瞒与订立合同有关的重要事实或者提供虚假情况；③其他违背诚信原则的行为。因此，不满足缔约过失请求权的要件。

结论：陈某对王某无缔约过失损害赔偿请求权。

2. 相对人对无权代理人之请求权

请求权基础：《民法典》第 171 条第 3 款、第 4 款。

欲行使第 171 条第 3 款规定的请求权，应当满足以下条件：

  一、请求权已发生（×）

  （一）行为人无代理权（×）

  （二）相对人善意不知其无代理权（×）

  二、请求权未消灭（×）

  三、请求权可实施（×）

欲行使第 171 条第 4 款规定的请求权，应当满足以下条件：

一、请求权已发生（×）
　　（一）行为人无代理权（×）
　　（二）相对人知道或应知其无代理权（×）
　　二、请求权未消灭（×）
　　三、请求权可实施（×）

本案例中，请求人为陈某，被请求人为王某，并不涉及相对人，因此无上述请求权适用空间。

结论：陈某对王某不可主张相对人对无权代理人之请求权。

3. 基于无因管理而发生的请求权

陈某基于正当无因管理请求王某移转奖金及其权益，其请求权基础为：《民法典》第983条第2句结合第979条。

欲行使该请求权，应当满足以下条件：

　　一、请求权已发生（×）
　　（一）构成无因管理（×）
　　1. 没有法定或约定义务，且无其他赋权（√）
　　2. 行为系为避免他人利益受损（×）
　　3. 管理他人事务（×）
　　4. 管理事务不违反本人真实意思（×）
　　（二）管理人管理事务取得财产（×）
　　二、请求权未消灭（×）
　　三、请求权可实施（×）

3.1. 王某之行为是否构成正当无因管理？

3.1.1　王某之行为是否无法定或约定义务，且无其他赋权？

3.1.1.1　《民法典》第979条之扩张解释

依据《民法典》第979条原文，无因管理构成要件之一为"管理人没有法定的或约定的义务"。据通说，代理权授予行为为单方法律行为，通过意思表示为之，并不使代理人享有权利或负担义务，代理人取得代理权也不会产生其必须为代理行为之义务。① 依据上文分析，在本案中，陈某和王某之间无生效之合同，亦无其余意定及法定义务，似乎得满足《民法典》第 979 条之"没有法定的或约定的义务"之要件。但在无因管理中，存在的利益衡量矛盾是，一方面，不为自己利益的为他人处理事务应该获得优待；另一方面，本人应受到免于他人干涉其事务之保护。② 依据前文分析，在本案中，陈某与王某之间存在代理权授予之法律关系，王某替陈某买彩票的行为虽属超越代理权限，但经陈某事后追认，溯及至购买彩票时系基于代理权而为的法律行为，并不属于干涉他人事务之范畴，因此不符合无因管理制度的保护目的。

关于无因管理，《德国民法典》第 677 条规定，"……, ohne von ihm beauftragt oder ihm gegeniiber sonst dazu berechtigt zu sein, ……"其含义为未受受益人委任且对于受益人亦无其他权利。学者们也认为，当管理人有权管理受益人之事务（被赋权）时，不构成无因管理。③

结合以上所述，应对《民法典》第 979 条第 1 款第 1 句第 1 分句进行扩张解释，将无因管理行为构成要件从"没有法定的或约定的义务"扩张至"没有法定的或约定的义务，且无其他赋权"。

依据本案，王某之行为虽然无法定或约定义务，但其购买行为属于实施代理权之行为，因此不符合此要件。但值得注意的是，陈某并未授予王某为其兑奖之代理权，王某为其兑奖也无法定或约定义务。

3.1.2 王某之行为是否系为避免陈某之利益受损？

本案中，王某兑奖后拒不返还陈某，其意在认为中奖彩票以及

---

① 参见王泽鉴：《民法总则》，北京大学出版社 2009 年版，第 356 页。
② 参见［德］迪尔克·罗歇尔德斯：《德国债法总论（第 7 版）》，沈小军、张金海译，中国人民大学出版社 2014 年版，第 84 页。
③ Vgl. Brox, Walker, Schuldrecht BT 44. Aufl., 2020, §36 Rn. 19; Looschelders, Schuldrecht BT 15. Aufl., 2020, §43 Rn. 17.

奖金为己有，王某并无避免陈某之利益受损之意思。

3.1.3 结论

王某之行为并非正当无因管理行为。

3.2 陈某能否基于不法管理请求王某交付奖金？

陈某基于不法管理请求王某移转奖金及其权益，其请求权基础为：《民法典》第 983 条第 2 句结合第 979 条第 1 款和第 980 条或者《民法典》第 984 条①结合第 927 条。

欲行使该请求权，应当满足以下条件：

一、请求权已发生（√）

二、请求权未消灭（√）

三、请求权可实施（√）

3.2.1 陈某的请求权是否已发生？

3.2.1.1 基于《民法典》第 980 条、第 979 条以及第 983 条的请求权

欲行使该请求权，应当满足以下条件：

一、构成不法管理（√）

（一）事务具客观属他性（√）

（二）管理人明知为他人事务仍作自己事务处理（√）

二、管理人管理事务取得财产（√）

陈某之请求权是否成立，取决于对相关法条的解释。

3.2.1.1.1 对《民法典》第 980 条②、第 979 条以及第 983 条的解释

首先考虑对第 980 条的限缩解释。"管理人管理事务不属于前条

---

① 《民法典》第 984 条规定："管理人管理事务经受益人事后追认的，从管理事务开始时起，适用委托合同的有关规定，但是管理人另有意思表示的除外。"

② 《民法典》第 980 条规定："管理人管理事务不属于前条规定的情形，但是受益人享有管理利益的，受益人应当在其获得的利益范围内向管理人承担前条第一款规定的义务。"

规定的情形"可能是指管理人管理事务不属于"没有法定的或者约定的义务",抑或是不属于"为避免他人利益受损失而管理他人事务",或是不属于"管理事务不符合受益人真实意思"。笔者认为应属于后两种情况,原因在于,若认为管理人管理事务不属于"没有法定或约定义务",即"管理人管理事务有法定或约定义务",当然不属于无因管理规范范畴,无须赘述。此条之限缩解释结果为"管理人并非为避免他人利益受损管理他人事务或管理事务不符合受益人的真实意思"。其中,"管理人并非为避免他人利益受损管理他人事务"又包含"管理人为自己利益管理他人事务"(即不法管理)以及"管理人误以他人事务为自己事务为避免自己利益受损而管理他人事务"(即误信管理),"管理人并非为避免他人利益受损管理他人事务"即不真正无因管理,"管理事务不符合受益人的真实意思"即真正无因管理中的不当管理。对第980条的解释可将无因管理的全部情形包含。不法管理可属于此条规范范畴。

其次考虑对第979条、第980条及第983条的体系解释。依据第980条但书规定,受益人在获利范围内承担必要支出费用的偿还义务以及对管理人的适当补偿义务。第979条为正当无因管理之规定,须承担必要费用的偿还义务以及适当补偿管理人。第983条规定了管理人返还管理事务取得财产的义务。

对此三条进行体系解释可得:构成正当无因管理的,管理人应返还管理事务取得的财产,受益人则应偿还管理人必要费用以及适当补偿管理人。不构成正当无因管理的,受益人获得利益的,应偿还管理人必要费用以及适当补偿管理人。受益人享有管理利益既包括已经实际享有管理利益,也包括通过请求交付管理所得财物享有管理利益,后者意味着第980条允许受益人请求交付管理所得财物,进一步说,受益人享有交付管理所得财物的请求权,其行使该请求权的,对管理人负担第979条第1款之义务。若认为第980条之"受益人享有管理利益"仅指利益由受益人实际享有,不包括通过请求交付管理所得财物享有,该条适用空间会被大大压缩。因此应认为,在非正当管理中,管理人负有第 983 条之管理所得财物返还义务,受益人有权请求管理人交付管理所得财物。

3.2.1.1.2 王某之行为是否构成不法管理?

本案中,王某承兑之彩票为陈某所有,其上债权为陈某享有,王某管理之事务具备客观属他性。同时,王某知晓自己并无承兑彩票之权限,仍承兑彩票,并将奖金据为己有。需要分析的是,王某之行为为误信管理抑或不法管理?依据陈某向法庭提交的起诉材料可以看出,王某在承兑彩票后向陈某提出"六四分""五五分"等解决方案,可知王某知晓彩票及其上权益并非其所属,否则其必定主张全部归自己所有,而非"六四分""五五分"等方案。因此,王某行为为不法管理,而非误信管理。

3.2.1.1.3 王某是否受有利益?

本案中,王某受有利益,无须赘述。

3.2.1.1.4 结论

陈某基于《民法典》第 980 条、第 979 条以及第 983 条的请求权成立。

3.2.1.2 基于《民法典》第 984 条结合第 927 条的请求权

欲行使该请求权,应当满足以下条件:

- 一、管理人管理事务非正当无因管理(√)
- 二、受益人事后追认(√)
- 三、管理人另无意思表示(√)
- 四、管理人处理事务取得财产(√)

3.2.1.2.1 本案之情事是否符合上述构成要件?

除《民法典》第 980 条之外,仍可考虑的请求权基础为第 984 条结合第 927 条。

本案中,王某之行为为不法管理,属非正当无因管理之范畴;其兑奖后,陈某曾向其提出返还兑奖所得之请求,该行为可视作对王某不法管理行为的事后追认。本案中,王某也另无意思表示,符合该条之构成要件。符合第 984 条构成要件的，适用委托合同的有关规定，即受益人被视作委托人，管理人被视作受托人，受管理的他人事务被视作委托事务。《民法典》第 927 条规定："受托人处理委托事务取得的财产，应当转交给委托人。"本案中，王某承兑彩票获得奖金，即处理陈某之事务取得财产。因此，王某应将奖金转交给陈某。

3.2.1.2.2 结论

陈某基于《民法典》第 984 条结合第 927 条的请求权成立。

3.2.2 陈某对王某之交付管理所得财物请求权是否未消灭？

管理事务返还请求权消灭的事由包括债权请求权消灭之一般事由（《民法典》第 557 条）：履行、抵销、提存、免除、债权债务同归一人、债权让与（《民法典》第 545 条以下）、免责的债务承担（《民法典》第 551 条）等。

本案中，陈某对王某之不法管理请求权不存在上述请求权消灭事由。

结论：陈某对王某之不法管理请求权未消灭。

3.2.3 陈某对王某之交付管理所得财物请求权是否可实施？

陈某对王某之不法管理请求权，有可能受到以下抗辩权之限制：

A. 永久抗辩权：主张陈某请求权时效已届满。

B. 一时抗辩权：同时履行抗辩权（《民法典》第 525 条）、先履行抗辩权（《民法典》第 526 条）、不安抗辩权（《民法典》第 527 条）；保证人之先诉抗辩权（《民法典》第 687 条）。

结论：据本案之情事，王某并不享有上述之抗辩及抗辩权，陈某对王某之交付管理所得财物请求权可实施。

3.2.4 结论

陈某对王某可基于不法管理主张交付管理所得财物请求权，请求王某返还兑奖奖金及其他利益。

4. 结论

陈某对王某可基于类合同请求权中的无因管理请求权，请求王某返还兑奖奖金及其他利益。

(三) 物权法上的请求权

1. 基于所有权或其他物权而产生的请求权
1.1 原物返还请求权

陈某请求王某返还奖金及其他权利,其请求权基础为:《民法典》第 235 条。

欲行使该请求权,应当满足以下条件:

一、请求权已发生(×)

(一) 请求人为所有权人或其他有占有权益的物权人(×)

(二) 被请求人无权占有(×)

(三) 被请求人为现时的无权占有人(×)

二、请求权未消灭(×)

三、请求权可实施(×)

依据前文论述,陈某并非奖金之所有权人或其他物权人,因此陈某对王某无原物返还请求权。

1.2 所有人—占有人关系中的请求权
1.2.1 孳息返还请求权

请求权基础:《民法典》第 460 条第 1 分句。

欲行使该请求权,应当满足以下条件:

一、请求权已发生(×)

(一) 请求人为所有权人或其他对占有物有收益权之人(×)

(二) 占有人已收取孳息(×)

(三) 善意占有人收取的孳息未消灭(×)

二、请求权未消灭(×)

三、请求权可实施(×)

陈某并非奖金之所有权人或享有收益权之人，因此陈某无孳息返还请求权。

1.2.2 对恶意占有人的损害赔偿请求权

请求权基础：《民法典》第461条。

欲行使该请求权，应当满足以下条件：

一、请求权已发生（×）

（一）请求人为所有权人或其他原物返还请求权人（×）

（二）占有人为恶意占有人（×）

（三）占有物毁损、灭失（×）

（四）恶意占有人对标的物毁损、灭失存在过错（×）

二、请求权未消灭（×）

三、请求权可实施（×）

陈某并非奖金之所有权人或其他原物返还请求权人，因此无占有物损害赔偿请求权。

1.2.3 占有物毁损、灭失后的保险金等返还请求权

请求权基础：《民法典》第461条第1分句。

欲行使该请求权，应当满足以下条件：

一、请求权已发生（×）

（一）请求人为所有权人或其他原物返还请求权人（×）

（二）占有物毁损、灭失（×）

（三）给付义务人向占有人支付保险金、赔偿金或补偿金等（×）

二、请求权未消灭（×）

三、请求权可实施（×）

陈某并非彩票奖金之所有权人或其他原物返还请求权人，因此陈某无此请求权。

1.2.4 结论

陈某对王某无所有人—占有人关系中的请求权。

1.3 排除妨害、消除危险请求权

请求权基础：《民法典》第 236 条。

欲行使该请求权，应当满足以下条件：

  一、请求权已发生（×）

  （一）请求人为所有权人或其他物权人（×）

  （二）所有权被妨害或可能被妨害（×）

  （三）被请求人有除去妨害之能力（×）

  二、请求权未消灭（×）

  三、请求权可实施（×）

陈某并非彩票奖金之所有权人或其他物权人，因此其对王某无排除妨害、消除危险请求权。

2. 基于占有而产生的请求权

2.1 占有返还请求权

陈某请求王某返还奖金之占有，其请求权基础为：《民法典》第 462 条第 1 款第 1 分句。

欲行使该请求权，应当满足以下条件：

  一、请求权已发生（×）

  （一）请求人为占有人（×）

  （二）占有被侵夺（×）

  （三）被请求人为现时占有人（×）

  二、请求权未消灭（×）

  三、请求权可实施（×）

本案中陈某并非奖金的占有人，不符合"请求人为占有人"这一要件，因此陈某对王某无占有返还请求权。

2.2 占有排除妨害、消除危险请求权

请求权基础：《民法典》第 462 条第 1 款第 2 分句。

欲行使该请求权，应当满足以下条件：

一、请求权已发生（×）

（一）请求人为占有人（×）

（二）存在妨害占有之行为（×）

（三）被请求人为妨害占有人或有妨害占有之虞人（×）

二、请求权未消灭（×）

三、请求权可实施（×）

本案中，陈某并非奖金占有人，不符合"请求人为占有人"之要件，因此陈某对王某不可主张占有排除妨害、消除危险请求权。

3. 结论

陈某对王某不可主张物权法上的请求权。

（四）侵权请求权

陈某请求王某承担侵权责任，请求权基础为：《民法典》第1165条第1款。

本案中，陈某之彩票为王某承兑，彩票作为无记名债券是债权凭证，陈某为真正债权人，因此此时存在侵害债权之可能。对于债权能否作为侵权客体，我国多数学者认为，债权可以成为侵权法保护的客体，但是鉴于债权不具有社会典型公开性，故此对于第三人侵害债权之构成要件须严格界定，即仅限于第三人明知债权之存在而故意加以侵害的情形。

欲行使该请求权，应当满足以下条件：

一、请求权已发生（√）

（一）存在合法有效债权（√）

（二）第三人对债权进行不法侵害（√）

（三）第三人明知债权存在且有侵害债权之故意（√）

二、请求权未消灭（√）

三、请求权可实施（√）

1. 陈某对王某之请求权是否发生？

1.1 陈某是否存在合法有效债权？

本案中，陈某通过购买彩票中奖，中奖彩票作为无记名债券，其上记载陈某对于彩票发行机构之债权，且没有无法正确识别、兑奖区覆盖层撕刮不开、无兑奖符号、保安区裸露等债权无效事由，其债权合法有效。

1.2 王某是否对陈某之债权进行不法侵害？

本案中，王某持陈某中奖之彩票兑奖，使相关机构对陈某之债务消灭，陈某之债权遭到王某之不法侵害。

1.3 王某是否明知债权存在且有侵害债权之故意？

本案中，王某明知陈某之彩票中奖，仍旧持其彩票去兑奖，并且兑奖后拒不返还陈某奖金，其行为表明其明知陈某债权存在且具有侵害陈某债权之故意。

1.4 结论

陈某对王某之侵权请求权发生。

2. 陈某对王某之请求权是否未消灭？

侵权责任请求权消灭的事由包括债权请求权消灭之一般事由（《民法典》第 557 条）：履行、抵销、提存、免除、债权债务同归一人、债权让与（《民法典》第 545 条以下）、免责的债务承担（《民法典》第 551 条）等。本案中，陈某对王某之请求权不存在上述请求权消灭事由。

结论：陈某对王某之请求权未消灭。

3. 陈某对王某之请求权是否可实施？

3.1 陈某对王某之请求权，有可能受到以下抗辩权之限制：

A. 永久抗辩权：主张陈某请求权时效已满。

B. 一时抗辩权：同时履行抗辩权（《民法典》第 525 条）、先履行抗辩权（《民法典》第 526 条）、不安抗辩权（《民法典》第 527 条）；保证人之先诉抗辩权（《民法典》第 687 条）。

结论：据本案之情事，王某并不享有上述之抗辩及抗辩权。

4. 结论

陈某可对王某行使侵权请求权，请求王某承担侵权责任。

（五）不当得利返还请求权

陈某基于不当得利请求王某返还奖金，其请求权基础为：《民法典》第985条。

欲行使该请求权，应当满足以下条件：

  一、请求权已发生（√）
  （一）获得利益（√）
  （二）没有法律根据（√）
  （三）请求人受有损失（√）
  （四）获利与损失之间有因果关系（√）
  （五）不存在排除事由（√）
  二、请求权未消灭（√）
  三、请求权可实施（√）

1. 陈某对王某之不当得利请求权是否发生？

依据本案之情事，王某与陈某之间不存在给付关系，故依通说，二人之间可能存在之不当得利为非给付型不当得利，由于本案中存在权益侵害之事由，因此为权益侵害型不当得利，彩票兑奖机构向非债权人王某为给付，王某受领给付使陈某债权消灭。

1.1 王某是否获得利益？

在本案中，王某持陈某之彩票兑奖，兑奖获得奖金所有权，受有不当利益。

1.2 王某获得利益是否没有法律根据？

本案中，王某获得利益基于兑换陈某中奖彩票，其获利没有法律上根据。

1.3 陈某是否受有损失？

本案中，由于王某兑奖，陈某对兑奖机关之债权消灭，陈某受有损害。

1.4 王某之获利与陈某之受损之间是否有因果关系？

本案中，由于王某兑奖，使陈某债权消灭，二者之间存在因果关系。

1.5 陈某对王某之不当得利请求权是否存在排除事由？

不当得利请求权排除事由包括：①为履行道德义务进行的给付；②债务到期之前的清偿；③明知无给付义务而进行的债务清偿（《民法典》第985条）以及得利人不知道且不应当知道取得的利益没有法律根据，取得的利益已经不存在（《民法典》第986条）。本案中，不存在上述请求权排除事由。

1.6 结论

陈某对王某之不当得利请求权发生。

2. 陈某对王某之不当得利请求权是否未消灭？

不当得利请求权消灭的事由包括债权请求权消灭之一般事由（《民法典》第557条）：履行、抵销、提存、免除、债权债务同归一人、债权让与（《民法典》第545条以下）、免责的债务承担（《民法典》第551条）等。本案中，陈某对王某之不当得利请求权不存在上述请求权消灭事由。

结论：陈某对王某之不当得利请求权未消灭。

3. 陈某对王某之不当得利请求权是否可实施？

陈某对王某之不当得利请求权，有可能受到以下抗辩权之限制：

A. 永久抗辩权：主张陈某请求权时效已满。

B. 一时抗辩权：同时履行抗辩权（《民法典》第525条）、先履行抗辩权（《民法典》第526条）、不安抗辩权（《民法典》第527条）；保证人之先诉抗辩权（《民法典》第687条）。

结论：据本案之情事，王某并不享有上述之抗辩及抗辩权。

4. 结论

陈某对王某可主张不当得利请求权,请求王某返还奖金及其他利益。

(六) 结论

陈某对王某可基于不法管理、侵权及不当得利之请求权,请求王某返还兑奖奖金及其他利益。

图书在版编目(CIP)数据

民法总论习题集／杨代雄著. -- 北京：北京大学出版社，2024.11. -- ISBN 978-7-301-35611-1

Ⅰ.D923.04

中国国家版本馆CIP数据核字第20245H2T33号

书　　　名	民法总论习题集 MINFA ZONGLUN XITI JI
著作责任者	杨代雄　著
责任编辑	方尔埼
标准书号	ISBN 978-7-301-35611-1
出版发行	北京大学出版社
地　　　址	北京市海淀区成府路205号　100871
网　　　址	http://www.pup.cn　http://www.yandayuanzhao.com
电子邮箱	编辑部 yandayuanzhao@pup.cn　总编室 zpup@pup.cn
新浪微博	@北京大学出版社　@北大出版社燕大元照法律图书
电　　　话	邮购部 010-62752015　发行部 010-62750672 编辑部 010-62117788
印　刷　者	三河市北燕印装有限公司
经　销　者	新华书店
	650毫米×980毫米　16开本　18.25印张　259千字 2024年11月第1版　2025年1月第2次印刷
定　　　价	59.00元

未经许可，不得以任何方式复制或抄袭本书之部分或全部内容。
版权所有，侵权必究
举报电话：010-62752024　电子邮箱：fd@pup.cn
图书如有印装质量问题，请与出版部联系，电话：010-62756370